브랜드를 성장시키는

칸 마인드

김윤호
지음

판권

이 책은 2025년 9월 30일 초판 1쇄 발행됐다. 김윤호가 썼다. 이연대가 발행했다. 신아람이 편집했다. 서강현이 디자인했다. 영신사에서 인쇄했다. 이 책에 실린 일부 사진과 자료는 칸 라이언즈 서울의 협조와 지원을 받아 수록되었다. 북저널리즘(bkjn) 시리즈는 책처럼 깊이 있게 뉴스처럼 빠르게 우리가 지금 깊이 읽어야 할 주제를 다룬다. 이 책의 발행처는 주식회사 스리체어스(threechairs)다. 주소는 서울시 종로구 효자로 15 2층, 웹사이트는 bookjournalism.com이다. 이 책 내용의 전부 또는 일부를 재사용하려면 반드시 저작권자와 스리체어스 양측의 동의를 받아야 한다.

아이디어를 사랑하세요.
크리에이티브를 사랑하세요.
인생을 사랑하세요.

목차

7   프롤로그: 주연이 될 사람에게

17   열망: 좋은 크리에이티브의 출발
31   증명: 정답 없는 세상에서 끊임없이 증명하기
45   일상: 모든 일상이 크리에이티브의 기회
59   기술: 기술은 크리에이티브의 좋은 친구
75   경로: 크리에이티브가 빛나는 자리
89   감각: 받아들이는 사람의 감각에 주목하기
101   직관: 설명하지 않고 느끼게 하기
115   유머: 공유하게 만드는 크리에이티브
127   경계: 낯설고 위험한 길로 들어설 용기
139   뚝심: 시리즈를 이어 가는 아이디어

151	맥락: 문화와 맥락을 이해하는 커뮤니케이션
165	꼼꼼: 빅 아이디어를 실현하는 세심함
177	연계: 크리에이티브도 맞들면 낫다
191	영향: 좋은 크리에이티브는 효과적 해결책
203	웰빙: 크리에이티브가 만들어 가는 건강한 삶
215	동등: 서로를 동등하게 바라보기
227	존중: 우리는 모두 세상에 하나밖에 없는 존재
237	포용: 모두가 행복할 수 있기를
251	지속 가능성: 우리는 함께 생존할 수 있을까
263	사랑: 크리에이티브를 사랑하세요, 인생을 사랑하세요
271	부록 #1: 사례들의 칸 라이언즈 출품과 수상 카테고리
297	부록 #2: 칸 라이언즈의 역사

ло롤로그:

주연이 될

사람에게

광고 회사에서 20년 가까이 광고제를 담당하고 있습니다. 좋은 크리에이티브가 글로벌 무대에서 인정받을 수 있도록 출품하고 수상하는 전 과정을 챙깁니다. 좋은 크리에이티브를 심사 위원들에게 더 잘 보여 줄 수 있도록 정리하는 일을 돕고 있습니다. 이 일을 시작할 때만 해도 연간 국제 광고제 수상작 수가 열 개 내외에 불과했는데, 이제 백 개를 넘게 되었습니다.

매년 세계에서 가장 좋은 크리에이티브로 인정받은 수상작들에는 공통점이 있습니다. 기발한 아이디어만으로 좋은 크리에이티브가 될 수는 없습니다. 브랜드가 처한 배경을 자세히 파악해서 명확한 메시지를 만들고, 소비자를 가장 잘 설득할 수 있는 전략을 수립하고, 꼼꼼하게 실행에 옮겨야 합니다. 이들이 어우러져 의도했던 결과를 만들어 냈을 때 비로소 좋은 크리에이티브로 인정받습니다. 크리에이티브를 전개하는 모든 과정에서 아이디어 사이를 촘촘하게 구조화해야 합니다. 그 방법들을 이 책에서 20개의 시선으로 찬찬히 살펴보려 합니다.

칸 라이언즈(Cannes Lions)는 예나 지금이나 광고인들에게 '로망'입니다. 전 세계 광고인들이 가장 잘했다고 생각하는 캠페인들을 출품합니다. 이 캠페인들을 놓고 세계 각국에서 모인 크리에이티브 리더들이 치열한 토론을 벌이고, 약 3퍼센트 정도만 수상작으로 선정합니다. 여러분이 잘 알고 계실 칸 국제 영화제에 매년 약 2000편의 영화가 출품되어 60편 정도가 공식 경쟁작으로 선정되니 이 비율과 비슷합니다. 칸 영화제에서 수상작으로 선정되는 비율이 0.5퍼센트 정도인데, 칸 라이언즈에서는 금사자상(Gold Lion) 이상이 이 정도에 해당합니다.

모든 영화인이 칸 영화제 수상을 목표로 하지는 않듯, 광고인 모두가 칸 라이언즈 수상을 꿈꾸는 것은 아닙니다. 하지만 이곳에서 상을 받는 일이 얼마나 어렵고도 명예로운 일인지는 누구나 짐작하실 수 있을 겁니다. 수상까지는 바라지 않더라도 광고 회사에 다니는 동안 칸에 한 번이라도 가보고 싶다는 이들이 많습니다. 크리에이티브를 업으로 삼는 사람이라면 누구나, 크리에이티브의 향연에 푹 빠져 보고 싶을 테니까요.

저 역시 처음 칸 라이언즈에 갔을 때 전시장에 빼곡히 진열된 본선 진출작들을 둘러보느라 즐거웠습니다. 시상식장에서 상영되는 수상작들을 보면서 내내 감탄했습니다. 무대 위에 오르는 이들이 부럽기도 했습니다.

칸 라이언즈를 바라보는 시선은 저마다 다릅니다. 오래전 한 선배는 칸에서 수상한 광고들을 굳이 들여다볼

필요가 없다고 말했습니다. 시장 상황도, 소비자 성향도 전혀
다른데, 그들의 결과물이 우리 일에 어떤 실질적 도움이
되겠느냐는 이야기였습니다. 또 다른 이는 기발한 광고를
만들어 낼 수 있는 그들의 광고 산업 환경이 부럽다고
했습니다. 과감한 아이디어를 제안하고 받아들이는 광고
회사와 브랜드, 그리고 보다 넓게 용인되는 표현의 범위
같은 것 말입니다. 환경 차이로 인해 한국 소비자는 칸
수상작처럼 재미있고 기발한 광고를 즐기지 못하고 있다는
아쉬움도 덧붙였습니다. 또 어떤 이들은 칸에서 수상할 수
있는 크리에이티브를 만들어 내기 위해 오랜 시간과 노력을
기울이고 있었습니다. 그들에게 칸의 트로피는 동경의
대상이었습니다.

    칸 라이언즈를 바라보는 관점이 조금씩 다르긴
하지만, 분명한 건 누가 뭐래도 세계 최고의 크리에이티브
축제라는 사실입니다. 전 세계 크리에이티브 산업의 리더들이
이곳에 모여 좋은 생각과 크리에이티브를 공유하고 함께
발전해 갑니다. 만든 이들은 수상을 통해 이름을 알리고
업계의 리더로 성장합니다. 대형 광고 회사들은 칸을 계기로
자신들의 역량을 광고주들에게 입증하고, 비즈니스 기반을
더욱 단단히 다집니다. 도전적인 신생 회사들은 칸에서의

활약을 통해 새롭게 자리를 잡아 갑니다. 칸 라이언즈는 크리에이티브 산업 전반이 꿈틀거리며 비즈니스를 만들고 성장시키는 곳입니다.

2010년대 들어 '국제 광고제(International Advertising Festival)'였던 칸 라이언즈는 '국제 크리에이티비티 축제(International Festival of Creativity)'로 확장되었습니다. 광고 산업에서 영역을 넓혀 마케팅 커뮤니케이션 산업 전반을 아우르는 크리에이티비티 축제로 변모한 것이죠. 그에 걸맞게 열 개 남짓이던 수상 부문도 서른 개로 늘어났고, 부문의 구조도 많이 변화했습니다.

끊임없이 변화하는 만큼, 매년 새로운 칸 라이언즈 계획이 발표되기 시작하면 준비할 일이 많습니다. 카테고리를 정리하고, 추가되거나 변경된 부문, 프로그램의 구성, 심사 위원의 면면, 세미나 주최사와 연사 등을 살펴봅니다.

6월 행사 기간에는 현장을 돌며 다양한 요소를 파악합니다. 행사장의 구성, 세미나 관객들의 반응, 무대에 자주 오르는 수상작, 각 수상작에 대한 청중의 반응, 심사 위원장의 심사 과정과 그랑프리(Grand Prix) 선정 이유에 대한 연설, 행사장 밖에서 이뤄지는 브랜드들의 활동까지 주의 깊게 관찰합니다. 행사가 끝난 뒤에는 수상 리스트를

정리하고, 부문별 수상작과 공식 리포트 등을 찬찬히
뜯어봅니다.

   매년 반복되는 일이지만, 해마다 새롭게 보이는 것이
있고, 그만큼 쌓여 가는 것도 있습니다. 새로 얻는 지식과
노하우에 신이 나기도 합니다. 빛나는 크리에이티브들과,
그것들을 제대로 평가받기 위해 제출한 자료들, 그리고 이
모든 것을 담아내는 커다란 그릇인 칸 라이언즈를 정리해
보고 싶었습니다.

   요즘은 전 세계 시장이 서로 더 많이 소통하면서도,
각자의 문화를 존중하려는 흐름이 뚜렷해지고 있습니다.
저들의 시장에서 어떤 생각과 크리에이티브가 소비자들의
공감을 얻고 놀라게 하는지 살펴보는 일은 우리의
크리에이티브를 더욱 성장시키는 데 꼭 필요하다고
생각했습니다.

   시선을 세계로 넓혀, 그들이 품고 있는 생각들을
하나씩 정리했습니다. 어떤 마음가짐을 가져야 할지, 어떤
도구를 빠뜨리지 말아야 할지, 크리에이티브의 방향을
어떻게 잡아야 할지. 특히 생존에 위협을 느끼는 시대에
크리에이티브는 어떤 생각을 품고 있어야 하는지 차근히 펼쳐
봤습니다.

어떤 내용은 공감이 되겠지만, 어떤 것은 다소 생뚱맞아 보일 수도 있습니다. 각자가 서 있는 지점과 바라보는 방향이 다를 테니까요. 다 가져갈 필요는 없습니다. 마음에 닿는 것 몇 가지만 챙겨 가셔도 충분합니다.

각기 다른 시선과 함께, 칸에서 인정받은 뛰어난 크리에이티브 사례들을 소개합니다. 이 사례들은 캠페인을 만들어 가는 과정에서 아이디어들 사이를 어떻게 더 촘촘하게 구조화할 수 있을지를 살펴보는 데 도움이 될 것입니다.

한 걸음 더 나아가, 각 캠페인의 배경부터 아이디어, 전략, 실행, 결과에 이르기까지 그들이 어떻게 설명했는지를 가능한 한 더하거나 빼지 않고 그대로 보여 드리고자 합니다. 수상자들이 심사 위원에게 자신의 작품을 어떻게 소개하고 있는지를 실무적으로 파악할 수 있도록 해드릴 겁니다.

칸 라이언즈가 지닌 축제로서의 다양한 모습들도 함께 소개하고 싶습니다. 어떤 분들은 크리에이티브만 보면 되지, 굳이 행사의 운영 방식까지 살펴야 하느냐고 생각하실 수도 있습니다. 하지만 칸 라이언즈의 변화는 마케팅 커뮤니케이션 산업 전반의 흐름을 민감하게 반영하고 있습니다. 그렇기에 행사 자체의 구조와 방향성을 들여다보는 것도 충분히 의미 있는 일입니다. 업계에 몸담고 계신 분들뿐 아니라, 앞으로 크리에이티브 분야로 진입하고자 하는 분들에게도 흥미로운 참고가 되리라 생각합니다.

덧붙여, 본문에서 사례로 소개한 수상작들의 출품 카테고리들을 따로 모아 부록으로 엮었습니다. 이를 통해 캠페인을 만든 이들이 자신들의 강점을 어떤 부분으로 보고 있었는지를 살펴볼 수 있습니다. 어떤 카테고리에서 수상했다는 것은, 만든 이들의 관점이 심사 위원들과 통했다는 뜻이기도 합니다. 반대로 아무런 결과가 없었다면, 그 관점이 통하지 않았거나 혹은 다른 사정이 있었을 테고요.

여러 현장에서 세상을 놀라게 할 만한 크리에이티브를 만들고 싶어 하는 젊은 광고인들이나 학생들을 자주 만납니다. 크리에이티브에는 교과서나 불변의 원칙 같은 것이 없으니 그들에게는 궁금한 것이 참 많습니다. 전 세계 크리에이티브 산업의 변화에 민감하게 반응하며 끊임없이 변신해 온 칸 라이언즈, 그리고 심사 위원들이 '세계 최고'라며 인정한 캠페인들이 그들의 궁금증에 꽤 많은 답을 줄 수 있을 겁니다.

처음 칸에 갔을 때 대한민국은 구경꾼이었습니다. 스크린에 펼쳐지는 크리에이티브에 감탄하고, 손뼉을 치며 부러워하기만 했습니다. 하지만 관심을 갖고 하나하나 만들어

가는 이들이 점점 늘어나면서 우리의 존재감도 커졌습니다. 꽤 많은 연사가 무대에 올라 우리의 생각을 펼쳤고, 전 세계 내로라하는 크리에이티브들의 공감을 얻었습니다. 수상작 리스트 상단에 이름을 올리고 '서울, 코리아'가 호명되는 순간도 많아졌습니다. 이제 우리는 그 무대에서 조연 정도는 된 것 같습니다.

주연이 되는 모습을 보고 싶습니다. 오랜 시간 이 일을 해오면서, 대한민국 사람들이 참 대단하다는 생각을 합니다. 관심을 가지고 열심히 하면 못 할 일이 없는 사람들입니다. 그러니 머지않아 주연이 될 것입니다. 무대 위에서 더 많이 수상할 것입니다. 대한민국의 세미나를 들으려면 한 시간 전에는 줄을 서야 할 겁니다. 심사 위원장도 종종 배출할 겁니다. '올해의 광고 회사 상'이나 '올해의 네트워크 상'도 받을 겁니다. 주연이 될 분들에게 이 이야기를 전합니다.

열망:

좋은 크리에이티브의
출발

다시 일어설 수 있게 하는 힘

대학생 공모전 시상식을 준비하고 있었습니다. 수백 대 일의 경쟁률을 뚫고 수상하게 된 학생들이 참석하는 자리였습니다. 광고 회사를 직접 방문할 기회가 흔치 않을 테니, 수상만 하고 돌아가기보다 현직자를 만날 기회를 만들어 주고 싶었습니다. 당시 유명했던 선배 CD(Creative Director)에게 1시간 정도 강의를 부탁했습니다. 선배는 흔쾌히 승낙했는데, 강의 제목이 '광고 하지 마세요'였습니다.

선배는 강연 내내 광고 회사에서 겪는 어려움을 이야기했습니다. 우리는 언제나 을의 위치에 있다, 갑인 광고주 대응이 쉽지 않다, 야근은 일상이다, 아이디어를 끊임없이 내지 못하면 살아남기 힘들다, 스트레스가 많은 직업이다. 이런 이야기들이 이어졌습니다. 광고인이라는 꿈에 한 발 가까이 다가간 학생들에게 왜 이런 이야기를 할까, 의아했습니다.

마지막 질문에서 반전이 나왔습니다. "이런 어려움에도 불구하고 광고를 하고 싶으세요? 그러면 하세요." 온갖 고난을 견뎌 낼 뜨거운 마음이 있다면 뛰어들라는 권유였습니다. 수상자들이 모인 자리이니, 그런 마음을 지닌 사람들이 모인 것 아니냐는 자극이기도 했습니다.

학창 시절에 일찌감치 자신의 길을 정해 두고 오랫동안 준비하는 사람들이 있습니다. 반면 여러 길을 두고 고민하다가, 더는 선택을 미룰 수 없는 순간에 직업을 택하는 경우도 적지 않습니다. 어느 쪽이든 직업이 단순히 월급을 받으며 생계를 유지하는 수단에 그친다면, 그 삶이 행복하기는 힘들 것 같습니다. 내 앞에 있는 일에 의미를 부여하고 보람을 찾아가는 과정이 필요합니다.

광고인 가운데는 일찍부터 이 일을 준비해 온 사람들이 많습니다. 온갖 어려움을 헤쳐 가며 광고를 하겠다는 뜨거운 마음을 키워 온 이들입니다. 아이디어를 내고, 광고주를 설득하고, 소비자에게 메시지를 전하는 과정 하나하나가 삶의 이유가 되곤 합니다. 새로운 아이디어를 내고 아무도 가보지 않은 길을 툭탁툭탁 개척하면서 기쁨을 느낍니다. 돌아보면, 스스로 품고 있는 이유가 분명한 사람이 좋은 캠페인을 만들더군요. 그래서 좋은 크리에이티브의 출발은 무엇보다 '열망'이라고 말하고 싶습니다.

한 후배가 아이디어를 들고 왔습니다. 길에서 만난 고양이가 추위에 떠는 모습을 보고, 이를 해결하고 싶어서 만든 따뜻한 발상이었습니다. 의도는 좋았는데 힘 있게

발전시키기 어려워 보이는 부분이 보여서 내심 말리고
싶었습니다. 그래도 앞뒤로 채워야 할 부분에 대해 몇 가지
이야기를 나누었습니다. 쉽지 않을 거라는 의견도 함께요.
그래도 그 후배는 열심히 뛰어다니며 어색한 부분을 메워
줄 파트너를 찾아냈습니다. 보통의 캠페인이라면 굳이 하지
않아도 될 일을 기어이 해낸 겁니다.

　　　　그다음에는 빠른 길이 아닌 느린 길을 안내하는
내비게이션 아이디어를 들고 왔습니다. 아내와 여행을 하던
중에 내비게이션을 쓰면서 아쉽다고 느낀 부분을 바꿔 보려는
발상이었습니다. 앱과 데이터가 필요한 아이디어라 혼자서는
할 수 없는 일이었습니다. 그 후배는 사람들을 하나하나
만나고 설득하며 함께 캠페인을 만들어 갔습니다. 결국 국제
광고제에서 수상하는 성과까지 만들어 냈습니다.

　　　　고생스러운 크리에이티브를 기어이 만들어 내는
이유를 물었습니다. 대답은 간단했습니다. 재미있는 걸 해야
살 수 있겠다더군요. 생활 주변에서 발견한 문제를 해결하는
크리에이티브를 만들어 내는 일이 재미있다고 했습니다.
그에게는 그 모든 고생이 오히려 보람이자 삶의 이유가 되고
있었습니다.

　　　　매년 굵직한 캠페인을 만들기 위해 고군분투하고,

때로는 쓸데없는 일만 한다는 오해와 맞서야 하는 동료에게 물어본 적이 있습니다. 살면서 꼭 하고 싶은 일이 무엇이기에, 무엇을 이루면 행복할 것 같기에 그렇게 힘들게 사느냐고요. 크리에이티브에 진심이던 그 친구는 세상 사람들이 기억해 줄 만한 캠페인을 만들고 싶다고 하더군요. 손가락으로 꼽을 수 있을 만큼, 몇 개만 남겨도 좋다고 했습니다. 그 말을 듣고 저는 더 이상 그를 안쓰러워하지 않기로 했습니다. 힘든 과정 하나하나가 결국 그를 진짜 행복하게 만들어 줄 테니까 말이죠. 몇 해 전 칸에서 그 친구의 수상 소식을 들었을 때, 그리고 시상식 무대에 오른 그의 눈물을 보았을 때, 그것이 바로 그가 꿈꾸던 행복의 모습임을 실감할 수 있었습니다.

      2024년 칸 라이언즈 현장에서 코카콜라를 담당하고 있는 오길비(Ogilvy) 뉴욕 광고인의 이야기를 직접 들을 기회가 있었습니다. 출발은 광고주가 건넨 브리프였다고 합니다. 칸 라이언즈에서 수상할 광고를 만들어 달라는 거였죠. 이 과제가 오길비 전 세계 오피스에 전달되었고, 수백 개의 아이디어가 모였습니다. 거르고 걸러서 최종 선정된 캠페인이 코카콜라의 '재활용해 주세요(Recycle Me)'였습니다.

      코카콜라로부터 브리프를 받았을 때, 팀은

브랜드의 빨간색 이미지와 하얀색 로고를 가지고 무엇을 할 수 있을지를 고민했습니다. 무언가를 더하기보다, 이미 브랜드가 지닌 요소만으로 최대한 단순하게 접근하고 싶었답니다. 그래서 대형 빌보드를 구겨 보면 어떨까 하는 이야기를 나누다가, 심플하게 로고만 구겨 보자는 아이디어가 나왔습니다.

실제로 코카콜라 로고를 구겨 보니, 어떻게 구겨도 코카콜라임을 알아볼 수 있고 로고를 읽을 수 있다는 인사이트를 발견하고, 캠페인을 발전시켜 나갔습니다. 코카콜라 로고가 인쇄된 캔을 다양한 방식으로 찌그러뜨렸습니다. 그리고 찌그러진 모습 그대로의 제품 속 로고를 코카콜라의 빨간 배경 위에 얹었습니다. 여기에 한 줄의 메시지를 넣었죠. "재활용해 주세요."

브랜드 로고를 망가뜨리면서까지 캠페인을 만들 수 있었다는 사실이 놀라웠습니다. 광고주가 이렇게까지 과감해지기가 쉽지 않거든요. 그런데 알고 보니 역시나, 광고주는 찌그러진 로고는 그대로 두되, 정상적인 로고를 구석에라도 넣고 싶어 했다고 합니다.

하지만 담당 ECD(Executive Creative Director)는 반대했습니다. 로고를 넣으면 이 아이디어의 의미가 사라진다며, 그렇게 한다면 캠페인을 못 하겠다고까지 버텼다고 합니다. 버티고 설득한 결과, 이 캠페인은 2024년 칸 라이언즈에서 인쇄 및 출판 부문(Print & Publishing Lions) 그랑프리를 수상했습니다. 코카콜라로서는 무려 10년 만의 칸 그랑프리였습니다.

    광고 회사 입장에서 광고주의 요구를 거절하기는 쉽지 않습니다. 결국 캠페인의 주체는 광고주이기 때문이죠. 그러나 좋은 크리에이티브를 지켜 내기 위해서는 물러설 수 없는 선이 있습니다. 그 선을 지키는 일은 광고주를 위한 것이기도 하고요. 좋은 크리에이티브를 향한 열망, 그리고 광고주를 위하는 열정이 버티는 힘을 만들어 냅니다.

    우여곡절을 겪은 캠페인일수록 하고 싶은 이야기가 많아집니다. 이런저런 배경과 이유를 덧붙이고 싶어집니다. 그러나 칸의 심사 위원들에게는 그런 설명을 일일이 들어줄 시간이 부족합니다. 검토해야 할 작품이 워낙 많기 때문입니다.

    그래서 아무리 훌륭한 캠페인이라도, 심사 위원이 한눈에 이해할 수 있도록 정리해야 빛을 발합니다. 코카콜라가 이 캠페인을 어떻게 정리했는지 가능한 한 더하거나 빼지 않고 그대로 보여 드립니다. 앞으로 소개할 모든 사례 역시 실제 출품 회사가 캠페인을 어떻게 설명했는지 가감 없이 담아내려 합니다.

코카콜라의 '재활용해 주세요'

배경

코카콜라는 2025년까지 포장재의 100퍼센트를 재활용하고, 2030년까지 판매되는 모든 병과 캔을 재활용하는 것을 목표로 합니다. 브랜드가 지닌 강력한 아이덴티티를 활용해 최대한 큰 효과를 거두고 싶었습니다. 라틴 아메리카와 북미에서 시작된 이 캠페인은 세계에서 가장 크고 유명한 옥외 광고 매체를 비롯해 신문, 소셜 미디어, 온라인 영상 등 다양한 채널을 통해 전 세계적으로 전개되고 있습니다.

아이디어

코카콜라 로고는 전 세계 인구의 94퍼센트가 알고 있습니다. 이 유명한 로고를 활용해 재활용의 중요성을 알리기로 했습니다. 그래서 매우 엄격한 브랜드 가이드라인을 깨고, 코카콜라의 상징적인 로고를 찌그러뜨려 모든 사람이 사용한 캔을 재활용하도록 촉구하기로 했습니다.

전략

재활용 쓰레기통에 공간을 확보하기 위해 직접 찌그러뜨리든, 재활용 공장에서 프레스로 찌그러뜨리든, 모든 코카콜라 병과 캔은 재활용 과정에서 찌그러지게 됩니다. 이번 캠페인의 핵심 메시지는 사실 수년 전부터 모든 코카콜라 제품 측면에 인쇄되어 있던 그 문장과 같습니다. "재활용해 주세요." 모두에게 재활용을 실제 행동으로 옮기도록 촉구하는 메시지입니다.

<u>실행</u>

전 세계 인구의 94퍼센트가 알고 있는 코카콜라 로고를
최대한 효과적으로 활용하고자 했습니다. 수작업, 재활용
공장 프레스, 진공청소기 등 다양한 방법으로 캔을
찌그러뜨렸습니다. 그렇게 찌그러진 캔에서 로고를 추출하고,
그 외 불필요한 요소는 모두 제거했습니다. 제품 측면에
인쇄된 기존의 메시지 ― "재활용해 주세요" ― 역시 그대로
재활용했습니다. 물론 모든 재활용 캔의 모양은 서로 달랐고,
그만큼 디자인도 달랐습니다.

<u>결과</u>

'재활용해 주세요' 캠페인은 첫 주에만 1억 4000만 회 이상의
노출을 기록했습니다. 주요 언론 매체는 물론이고 다양한

간행물에도 널리 소개되었습니다. 2023년 4분기 말 남미에서 시작된 이 캠페인은 이후 전 세계로 확산했습니다.

어떠신가요? 항목마다 다소 중복되는 부분도 있지만, 가장 중요한 캠페인의 줄기를 명확하고 간결하게 정리해 냈습니다. 캠페인을 심사 위원에게 이해시키기 위해서는 과감하고 냉철한 정리가 필요합니다. 오히려 그런 절제가 열정을 더 잘 보여 줄 수 있습니다.

6월 셋째 주, 칸

좋은 크리에이티브를 향한 열망의 결과들이 매년 6월 셋째 주, 프랑스 남부의 휴양 도시 칸에 모입니다. 5월에는 칸 국제 영화제가 열리고, 그로부터 한 달쯤 뒤인 6월 셋째 일요일 다음 날부터 닷새 동안 칸 라이언즈가 개최됩니다. 해마다 요일에 따라 다르지만, 가장 이르게는 6월 16일부터, 가장 늦게는 6월 23일부터 27일까지 열립니다.

페스티벌 기간 닷새 동안, 행사장을 중심으로 약 250개 내외의 프로그램이 펼쳐집니다. 공식 프로그램이 많을 때는 300개를 넘었던 적도 있었으니, 최근에는 다소 줄어든 편이라 할 수 있습니다. 하지만 스폰서들이 해변이나 별도의 행사장에서 진행하는 비공식 프로그램이 셀 수 없이 많아진 덕분에, 전체적으로는 오히려 늘어나고 있다고 보는 것이 맞습니다.

칸 라이언즈 전시장 입구 2024년 칸 라이언즈 시상식

수많은 프로그램 가운데 가장 주목받는 것은 단연 시상식입니다. 출품작도 많고, 수상작도 많아서 한 번의 시상식으로는 감당할 수 없습니다. 그래서 부문별로 나누어 매일 저녁 시상식이 열립니다.

보통 전체 출품작 중 약 3퍼센트만 수상합니다. 2025년에는 총 2만 6900점이 출품되었고, 이 가운데 814점이 수상했습니다. 닷새로 나누어도 모든 수상작을 무대에서 시상하기에는 너무 많습니다. 그래서 금사자상 이상의 수상작만 무대에 오를 수 있습니다. 그 수만 해도 160개가 넘으니, 매일 시상식이 열릴 수밖에 없습니다.

   칸 라이언즈의 경연 부문은 8개 트랙(Track)에 29개 부문(Lion)이 배치되어 있으며, 티타늄(Titanium) 부문을 포함해 총 30개 부문으로 구성됩니다. 2024년의 경우, 월요일에는 헬스(Health)와 클래식(Classic) 트랙, 화요일에는 크래프트(Craft)와 엔터테인먼트(Entertainment) 트랙, 수요일에는 인게이지먼트(Engagement) 트랙, 목요일에는 익스피리언스(Experience)와 스트레티지(Strategy) 트랙의 시상식이 열렸습니다.

   마지막 날 시상식은 칸 라이언즈의 하이라이트라고 할 수 있는데요, 굿(Good) 트랙과 티타늄, 그리고 클래식 트랙 중 필름 부문(Film Lions)을 위한 시간이었습니다. 전체를 결산하는 '올해의 광고 회사', '올해의 네트워크', '올해의 지주 회사', '올해의 크리에이티브 마케터' 같은 특별상 시상도 이날 이뤄집니다.

<u>증명</u>:

<u>정답 없는</u> 세상에서
<u>끊임없이</u> 증명하기

자부심과 겸손함

크리에이티브의 세계에는 정답이 없습니다. 어떤 시선이라도 모두 만족시킬 수 있는 크리에이티브를 만들어 내는 일은 불가능합니다. 앞서 소개해 드린 코카콜라 '재활용해 주세요' 캠페인의 수상 이력을 보면, 어떤 부문에서는 그랑프리를 수상했지만, 어떤 부문에서는 본선에도 못 올라갔습니다. 같은 캠페인이라도 심사 위원의 관점에 따라 최고로 평가되기도 하고, 반대로 그저 그런 크리에이티브로 평가되기도 합니다.

현장에서도 마찬가지입니다. 저마다 좋은 크리에이티브를 판단하는 기준이 다릅니다. 내가 보기엔 아무리 훌륭한 크리에이티브라도, 남들은 다르게 생각할 수 있습니다. 나의 크리에이티브를 몰라준다고 섭섭해하거나 화를 내도 소용없습니다.

별로 주목받지 못하던 크리에이티브가 수상을 계기로 가치를 다시 생각하게 만들기도 합니다. 좋지 않은 크리에이티브에 시간 많이 쓰지 말라던 타박이, 칸 라이언즈 수상 이후에는 칭찬으로 바뀝니다. 수상은 객관적으로 좋은 크리에이티브로 공인을 받는 것이라 볼 수 있습니다. 수상 캠페인과 그것을 만들어 낸 이들이 더 널리 알려지는 건 덤이고요. 하지만 그렇다고 해서 수상이 좋은 크리에이티브의 절대적 기준이라고는 할 수 없습니다.

칸에서 수상했다고 해서 자신의 크리에이티브 능력을 공인받았다고 여겨서는 안 됩니다. 새로운 캠페인은 늘 새로운 배경과 새로운 요구를 맞닥뜨립니다. 매번 처음부터 다시 시작한다는 마음으로 이전과는 다른 시선으로 접근해야 합니다. 한 번 좋은 평가를 받은 크리에이티브를 만들었다고 해서, 앞으로도 항상 좋은 크리에이티브를 만들어 낼 수 있으리라는 보장은 없습니다. 기존의 성공 방정식에서 벗어나 새로운 관점을 받아들이는 유연함이 필요합니다. 그래야 더 좋은 크리에이티브를 만들어 낼 수 있는 힘이 생깁니다. 지나간 것은 뒤로하고 새로운 크리에이티브에서 끊임없이 자신을 증명해야 합니다.

뉴욕의 유명 광고 회사 '드로가5(Droga5)'의 설립자이자 크리에이티브 체어맨이었던 데이비드 드로가(David Droga)는 2018년 칸 라이언즈에서 세인트 마크 상(Lion of St. Mark)을 수상했습니다. 광고업계에 혁혁한 업적을 남긴 인물에게 주어지는, 일종의 공로상입니다. 드로가는 19세에 처음 칸에서 수상했습니다.

22세에 크리에이티브 디렉터가 되었고, 29세에는 사치 앤 사치(Saatchi & Saatchi) 런던의 총괄 크리에이티브 디렉터가 되었습니다. 38세가 되던 2006년에 드로가5를 설립했고, 이후 2015년과 2016년에는 연속으로 칸 라이언즈 '올해의 독립 광고 회사'로 선정되었습니다. 그 사이 70개 이상의 금사자상과 15개의 그랑프리와 티타늄을 수상하며, 자신의 크리에이티브를 끊임없이 증명해 왔습니다.

  이미 전설이 된 그의 수상 소감이 인상적입니다. "세인트 마크 상의 영예는 제 야망을 뛰어넘는 것입니다. 아직 해야 할 일과 증명해야 할 것이 훨씬 더 많은데, 이렇게 인정받게 되어 놀랍습니다. 하지만 자부심과 겸손함으로 이 영광을 만끽하겠습니다." 아직도 증명할 것이 많다고 하네요. 자부심을 갖되 겸손함을 잃지 않는 태도가 더 많은 것을 증명하는 힘이 될 것입니다.

  2023년 칸 라이언즈에서는 한 독립 광고 회사가 놀라운 기록을 세웠습니다. 독립 광고 회사 중 가장 많은 수상 실적을 거둔 회사에 주는 '올해의 독립 광고 회사 상(Independent Agency of the Year)'과, 전체 광고 회사를 통틀어 가장 많이 수상한 회사에 주는 '올해의 광고 회사 상(Agency of the Year)'을 같은 회사가 동시에 수상한 것입니다.

바로 2018년에 설립된 광고 회사 '거트(Gut)'입니다. 설립 5년 만에 세계 최고의 크리에이티브 회사로 인정받은 셈입니다. 거트는 2023년 한 해에만 그랑프리 3개, 금사자상 8개, 은사자상(Silver Lion) 12개, 동사자상(Bronze Lion) 10개라는 어마어마한 성과를 거뒀습니다. 참고로 지금까지 대한민국이 칸 라이언즈에서 받은 그랑프리가 총 3개입니다.

거트가 2024년에도 전년에 이어 또다시 능력을 증명해 낼 수 있을지 궁금했습니다. 결과는 그랑프리 1개, 금사자상 3개, 은사자상 7개, 동사자상 10개 수상이었습니다. 2023년의 성과를 능가하지는 못했지만, 그들의 크리에이티브 파워를 증명하기에는 충분한 결과였습니다.

거트의 2024년 그랑프리 수상작을 소개합니다. 온라인 상거래 회사인 메르카도 리브레(Mercado Libre)의 '악수 사냥(Handshake Hunt)' 캠페인입니다.

메르카도 리브레의 '악수 사냥'

배경

블랙 프라이데이는 브라질에서 연중 가장 큰 쇼핑 성수기입니다. 이 기간에 소비자들의 눈에 띄는 일은 여러 이유로 쉽지 않습니다.

① TV는 가장 영향력 있는 매체이며, 이 시기에는 유명 브랜드뿐 아니라 잘 알려지지 않은 브랜드까지 모두 몰려들어 광고 슬롯 경쟁이 매우 치열합니다.

② 브랜드 대부분이 커다란 문구, 주의를 끌기 위한 과장된 소리, '놓칠 수 없는' 기회를 알리는 다급한 멘트 등 거의 같은 방식으로 소비자를 현혹합니다.

③ 메르카도 리브레는 라틴 아메리카에서 가장 큰 이커머스이지만, 대규모 할인 프로모션을 하지 않았습니다.

이러한 난관을 타개하기 위해 메르카도 리브레는 접근 방식을 새롭게 해서 더 많은 트래픽을 유도하고, 블랙 프라이데이 기간에 매출을 늘리며, 가장 기억에 남는 브랜드가 되고 싶었습니다.

아이디어

혼잡한 광고 시간대에 슬롯을 확보하기 위해 경쟁하는 대신, 메르카도 리브레는 브랜드 프로모션 콘텐츠로 독특한 접근 방식을 시도했습니다. 메르카도 리브레의 로고인 악수가 TV 프로그램에 자주 등장한다는 사실을 발견했습니다. 그래서 브라질 최대 TV 채널인 TV 글로보에서 프로그램이 진행되는 동안 2000개가 넘는 악수를 추적하고, 각 악수에 전용 QR 코드를 붙였습니다. 시청자들은 QR 코드를 스캔하면 할인 쿠폰을 받을 수 있었습니다. 악수할 때마다 파격적인 할인

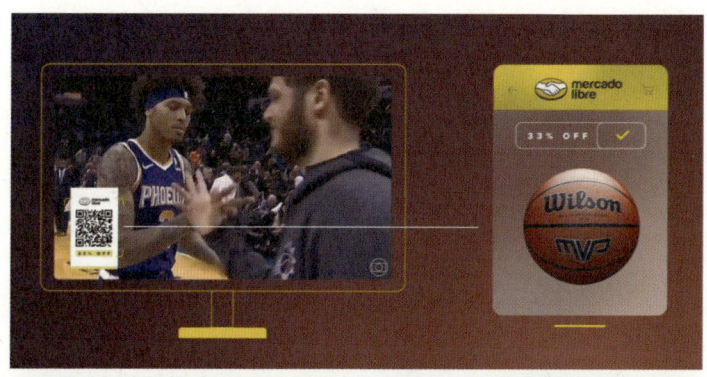

혜택을 받을 수 있는 기회를 제공했습니다. 드라마 속에서 악수를 하면? 할인. 아침 쇼에서도? 할인. 뉴스 중에도? 할인! 45일 동안 흥행을 이어 가기 위해 블랙 프라이데이가 다가올수록 쿠폰은 더욱 발전했습니다. 예상치 못한 순간에 극히 제한된 시간 동안만 제공되는 방식 덕분에, 쿠폰이 공개될 때마다 시청자들의 열광적인 반응을 끌어냈습니다.

전략

이번 캠페인에서는 리서치, 뉴스 소스, 내부 분석으로 행동 데이터를 수집했습니다. 이를 통해 기존 TV 광고 시간대의 비효율성, 기간별 할인에 대한 소비자 회의감 증가, 성과 달성을 위한 TV 시청자의 중요성 등 주요 인사이트를 확인할 수 있었습니다. TV 시청자가 가장 많이 시청하고 참여하는 최적의 시간대를 파악하는 오디언스 데이터는 미디어 전략을 개선하는 데 도움이 됐습니다. AI로 수집한 방송사 프로그램 데이터베이스는 캠페인의 전략적 실행에 필수적이었습니다. 이를 통해 이미 녹화되었거나 대본에 계획된 장면에서 악수하는 장면을 식별할 수 있었습니다. 이러한 모든 데이터 세트를 메르카도 리브레의 자체 데이터베이스와 상호 참조하여, 브랜드가 제공할 수 있는 가장 매력적인 블랙 프라이데이 혜택에 맞춰 전략을 조정했습니다. 이러한 통합적 과정을 통해 소비자들의 잠재적 관심사를 파악하고 비즈니스 전략의 전반적 효과를 높일 수 있었습니다.

<u>실행</u>

세계에서 두 번째로 큰 TV 네트워크인 글로보와의 협업을 통해 캠페인을 시작했습니다. 첫 번째 단계는 글로보의 대본과 장면을 분석해 모든 악수 장면을 미리 파악하는 것이었습니다. 그다음에는 시청자에게 할인 쿠폰을 사용하는 방법을 알려 주는 교육용 콘텐츠 시리즈를 제작했습니다. 모든 프로그램에서 악수가 등장할 때마다 QR 코드가 화면에 팝업되었습니다. 옥외 광고와 인플루언서를 활용해 현재 TV를 시청하지 않는 사람들 사이에서 입소문을 냈습니다. 이 캠페인은 45일 동안 진행되어 시청자들이 TV 프로그램 내내 최고의 할인 혜택을 놓치지 않고 계속 시청할 수 있도록 했습니다. 이 캠페인은 블랙 프라이데이 프로모션에 대한 새로운 접근 방식을 제시하며 메르카도 리브레 역사상 가장 성공적인 캠페인으로 기록되었습니다. 가장 훌륭했던 것은, 로고를 활용했기 때문에 그 어떤 경쟁사도 따라 할 수 없었다는 것입니다.

결과

브라질 역사상 최악의 블랙 프라이데이로 기록된 어려운 시장 상황에도 불구하고, 악수 사냥 캠페인은 메르카도 리브레 역사상 최고의 블랙 프라이데이를 만들었습니다. 이 혁신적인 캠페인은 8000만 명에게 도달했고, 78억 건의 노출을 기록했습니다. 그 결과 브랜드 인지도는 5퍼센트포인트 상승해 해당 카테고리에서 1위에 올랐습니다. 앱과 웹사이트의 세션 수는 전년 같은 기간 대비 14퍼센트 증가했습니다. 블랙 프라이데이 당일 매출은 80퍼센트포인트 급증했고, 한 달 전체로 보면 전년 대비 39퍼센트포인트 증가했습니다. 거래는 27퍼센트포인트, 쿠폰 사용은 283퍼센트포인트 증가했습니다. 악수 사냥 캠페인은 시청자의 마음을 사로잡았을 뿐만 아니라, 극도로 어려운 시기에도 메르카도 리브레의 시장 성과를 눈에 띄게 끌어올렸습니다.

증명의 과정

칸 라이언즈에서 그랑프리를 선정하는 심사 과정은

험난합니다. 심사는 검토, 투표, 토론으로 진행됩니다. 첫 심사에서는 심사 위원들이 각자 출품작을 검토하고 1점에서 9점 사이의 점수를 매깁니다. 부문마다 출품작 수에는 큰 차이가 있는데, 주요 부문은 1000건이 넘습니다.

    2025년에 출품작이 가장 많았던 부문은 '브랜드 경험 및 활성화 부문(Brand Experience & Activation Lions)'이었습니다. 2337건이 접수되었습니다. 심사 위원들은 캠페인 내용을 요약한 한 장짜리 출품 보드, 최대 2분짜리 사례 영상(Presentation Film)을 검토합니다. 그 외에도 설명 자료, 데모 영상 등 추가로 봐야 하는 자료도 있습니다. 케이스 스터디 영상만 본다고 해도 2000건을 검토하려면, 꼬박 사흘간 아무 일도 하지 않고 영상만 보고 있어야 할 만큼 방대한 분량입니다.

    심사 위원들의 점수를 집계해 상위 10퍼센트 정도를 최종 후보작(Shortlist)으로 선정합니다. 이후 모든 심사 위원이 한자리에 모여, 후보작을 한 작품씩 검토하고 토론해 수상작으로 선정할지 투표로 결정합니다. 동·은·금의 순서대로 진행하는데, 그때마다 심사 위원 3분의 2 이상이 동의해야 수상이 결정됩니다. 투표가 끝나면 결과를 낭독하고, 전체 심사 위원단이 결과를 확정합니다.

최고의 영예인 그랑프리 선정에는 한 단계가 더 남아 있습니다. 금사자상 수상작 가운데 그랑프리 후보를 추려 추가 토론과 투표를 진행합니다. 쉽게 합의되지 않으면, 토론이 새벽까지 이어지기도 합니다. 이렇게 험난한 과정을 통과해야만 심사 다음 날 시상식 무대에서 상영되는 영예를 누릴 수 있습니다. 증명의 길은 멀고도 험난합니다.

일상:

모든 일상이
크리에이티브의 기회

소비자의 삶에 들어가기

광고는 원래 사각형이었습니다. 네모난 텔레비전 화면에는 TV 광고가 방송되고, 신문과 잡지에는 정해진 면에 다양한 크기의 사각형 영역을 정해 두고 광고가 게재됩니다. 사람들은 드라마, 예능 프로그램, 뉴스 같은 콘텐츠를 소비하면서 그 사이사이에서 브랜드의 이야기를 접했습니다. 광고의 종류는 네모난 공간이 있는 매체에 따라 구분되었습니다. TV 광고, 신문 광고, 잡지 광고처럼 말이죠.

브랜드는 소비자에게 더 많이 이야기하고 싶어 합니다. 더 많이 알리고, 더 많이 사랑받고 싶어 하죠. 수많은 브랜드가 발신하는 메시지 사이에서 조금이라도 더 돋보이고 싶어 합니다. 그래서 끊임없이 새로운 방법을 찾아냅니다. 그 결과 이제 광고는 더 이상 사각형 매체 안에만 머물지 않습니다.

거리의 벽, 카페의 테이블, 머그잔, 손목에 찬 팔찌, 우리가 마시는 물병과 마트에서 받는 영수증까지, 이제 크리에이티브는 우리의 일상 곳곳에 스며들고 있습니다. 광고는 콘텐츠 사이에 끼어드는 것이 아니라, 함께 살아가는 일상이 되었습니다. 우리는 이제 일상에서 만나는 모든 것들에서 크리에이티브의 기회를 찾아야 합니다.

　　　　일상에서 자주 사용하는 물건은 브랜드 경험을 자연스럽게 확장하는 훌륭한 매개체입니다. 장바구니, 연필, 빨대처럼 소소한 물건에 브랜드의 정보를 잘 담으면, 일상 속에서 반복적으로 노출되며 인식이 서서히 자리 잡습니다. 한 번의 광고보다, 생활 속에서 지속적으로 접촉하도록 설계된 크리에이티브는 브랜드와의 친밀감을 높이는 데 탁월한 효과를 발휘합니다.

　　　　일상에서 만나는 크리에이티브는 브랜드와 소비자 사이의 심리적 거리를 좁히는 데 효과적입니다. 일방적인 메시지 전달이 아니라, 친근하고 자연스러운 접점을 통해 관계를 만들어 줍니다. 예를 들어, 재생지로 만든 포장지에 브랜드의 메시지를 담으면 브랜드의 이미지 제고에 긍정적 역할을 할 수 있습니다. 손 글씨 느낌의 태그를 제품에 부착하는 방식도 정서적 공감을 유도하는 좋은 사례입니다.

　　　　이러한 흐름은 단지 시선을 끌어야겠다는 생각에서 벗어나는 것입니다. 브랜드가 소비자의 일상에 스며들고, 생활 속에서 자연스럽게 기억되기를 바라는 마케팅 전략의 일환입니다. 이제 크리에이티브는 소비자의 라이프스타일 속으로 직접 들어가 함께 살아가야 합니다.

명확히 광고로 인식되는 콘텐츠에 대해
무관심하거나 회피하는 사람들에게, 크리에이티브는 정보
이상의 것을 줄 수 있어야 합니다. 특정한 시간과 장소에
한정된 것이 아니라, 삶의 일부로 존재하는 크리에이티브일
때 더 강한 힘을 발휘합니다. 자연스럽게 마주치는
일상의 물건들 속에서 감정적으로 연결되고, 경험 중심의
커뮤니케이션으로 이어질 수 있어야 합니다.

후배가 스프링 팔찌를 보여 줬을 때, 처음에는
그저 재미있는 물건이라 생각했습니다. 자처럼 곧게 펼쳐져
있다가, 팔목에 톡 치면 내부의 얄팍한 스프링이 반동을
일으켜 팔찌가 되는 구조였습니다. 그런데 여기에 눈금을
새기고, 우리나라에서 잘 잡히는 어종들의 치어 기준 길이를
표시하자 전혀 다른 용도가 생겼습니다. 물고기를 낚고 나서
치어인지 아닌지 한눈에 판단할 수 있는 도구가 되었죠.
낚시꾼에게는 꼭 필요한 아이템, 아이들에게는 재미있는
장난감, 그리고 모두에게는 생태계 보호를 위한 경험 중심의
솔루션이었습니다. 그렇게 '치어럽 밴드'가 만들어졌습니다.

시선을 우리 일상 어디로 돌려도 크리에이티브의
기회는 있습니다. 심지어 발밑에도 있습니다. 매일 지나치는
점자 보도블록에 크리에이티브가 더해져, 장애인을 돕는

새로운 솔루션이 탄생했습니다. 페루의 시멘트 브랜드 솔 시멘트(Sol Cement)가 선보인 '사이트워크(Sightwalks)' 캠페인입니다.

솔 시멘트의 '사이트워크'

배경

점자 블록은 시각 장애인이 인도를 안전하게 걸을 수 있도록 돕는 보편적인 장치입니다. 시멘트 위에 선과 점으로 구성된 이 보도블록은 시각 장애인이 앞으로 나아가거나 멈춰야 할 지점을 안내해 줍니다. 분명 유용한 방법이지만, 그것만으로는 충분하지 않습니다. 시각 장애인은 주변에 어떤 시설이 있는지를 볼 수 없기 때문에, 은행, 약국, 식당 같은 기본적인 서비스나 상점을 찾기 위해 늘 다른 사람의 도움을 받아야 합니다. 일상적인 일을 하는 데에도 타인에게 의존해야 하는 상황은 시각 장애인에게 좌절감을 안겨 줍니다. 게다가 이들은 정부의 부족한 지원으로 인해 사회적으로도 소외되어 있습니다. 그렇다면, 이 문제를 시멘트 회사가 도울 수는 없을까요?

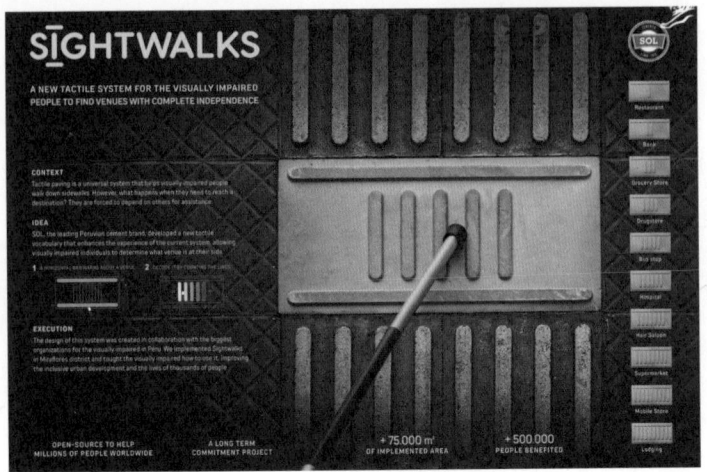

아이디어

솔 시멘트는 기존 점자 블록을 개선한 새로운 방법을 고안했습니다. 시각 장애인이 지팡이로 보도를 두드리기만 해도, 눈앞에 어떤 상점이 있는지 알 수 있도록 돕는 새로운 '점자 언어 체계'입니다. 기존 점자 블록을 기반으로, 가로 막대가 있는 구간에 수직선을 배치했습니다. 시각 장애인은 이 수직선의 개수를 세어 상점의 유형을 구분할 수 있습니다. 예를 들어 한 줄이면 식당, 두 줄이면 은행, 세 줄이면 식료품점, 네 줄이면 약국을 의미합니다.

이 블록은 페루에서 가장 번화한 지역인

미라플로레스에 설치되었습니다. 덕분에 시각 장애인들은 타인의 도움 없이 원하는 장소를 스스로 찾아갈 수 있었고, 독립적인 이동이 가능해졌습니다.

전략

전략은 매우 간단했습니다. 시각 장애인이 도시 내에서 쉽게 이동할 수 있도록 돕고, 자율성과 독립성을 부여하며, 동시에 누구나 쉽게 배울 수 있고 다른 도시에서도 손쉽게 복제할 수 있는 시스템을 만드는 것이 목표였습니다.

우리는 먼저 수도 리마의 번화가인 미라플로레스 지역에 이 시스템을 전략적으로 도입한 뒤, 전국의 다른 도시로 점차 확산시키는 방식으로 계획을 세웠습니다. 타깃은 전국의 시각 장애인 단체와 시각 장애가 있는 모든 사람이었습니다. 이 단체들은 새롭게 설계된 점자 체계를 시각 장애인에게 교육하는 데 큰 역할을 했습니다.

<u>실행</u>

이 프로젝트는 총 2년에 걸쳐 개발되었고, 초기 단계부터 시각 장애인들의 적극적인 참여 속에서 진행되었습니다. 사용자 테스트에도 시각 장애인들이 지속적으로 참여해, 시스템이 실제로 도움이 되는지, 사용하기 쉬운지를 반복적으로 검증했습니다.

먼저, 각 점자 블록 길 번호에 맞는 매트릭스 모델을 설계한 뒤 대량 생산을 진행했습니다. 그런 다음 2주 동안 도시 전역에 보도블록을 설치했습니다. 1단계에서는 도시의 중심 상업 지역 7만 5000제곱미터를 커버했습니다.

가장 큰 시각 장애인 단체를 대상으로 사용법을 교육하고, 이들이 다른 시각 장애인들에게 사용법을 가르칠 수 있도록 했습니다. 그리고 마침내 시민과 방문객 모두가 사용할 수 있도록 개방했습니다. 이 프로젝트는 단일 도시에서 시작되었지만, 전국 주요 도시로 확장될 대규모 프로젝트입니다.

<u>결과</u>

이 솔루션에 대한 반응은 훌륭했고, 시각 장애인의 삶에 실질적인 변화를 가져왔습니다. 복잡한 기술이 필요하지 않은

저비용 솔루션이었지만, 삶의 질 향상은 물론이고 브랜드에 대한 긍정적인 경험도 만들어졌습니다. 시멘트 브랜드인 솔만이 할 수 있었던 특별한 시도였습니다.

      시각 장애인의 행동 변화는 눈에 띄었고, 반응도 긍정적이었습니다. 이 프로젝트를 통해 약 50만 명 이상의 사람들이 혜택을 받을 것으로 추산되며, 향후 더 많은 이들에게 영향을 미칠 것으로 기대됩니다.

      사이트워크는 국내외 모든 도시에서 복제할 수 있습니다. 디자인과 특허는 전 세계 수백만 명을 돕기 위해 무료로 공개되어 있습니다. 솔 시멘트는 페루 사람들을 위한 보다 포용적인 시멘트 기반 솔루션을 만들어 내는 브랜드로 자리매김했습니다. 또한 이 프로젝트는 페루에서 더 포용적인 도시의 필요성에 대한 논의를 다시 불러일으키는 계기가 되었습니다.

      이들은 점과 선으로 구성된 기존 점자 블록에 더 많은 정보를 담아내는 방법을 찾았습니다. 가로선으로 정보의 위치를 표시하고, 그 자리에 세로선을 추가해 선의 개수로 내용을 담았습니다. 복잡한 정보를 넣을 수는 없지만, 시각 장애인이 주변 상점의 간판을 발견하고 구별하게 만든 솔루션입니다.

　　　　이러한 공공 기물을 활용할 때는 쉽지 않은 관문이 하나 더 있습니다. 보도블록, 신호등, 교통 표지판, 바닥 표시 등은 모두 법률로 사용 기준과 형식이 엄격히 규정되어 있습니다. 특히 시민의 안전과 직결되는 시설일수록 이를 변경하는 데 훨씬 까다로운 절차가 있기 마련입니다. 실제로 솔 시멘트가 새로운 점자 체계를 현실에 적용하기까지 무려 8년이 걸렸다고 하니, 그들의 진심이 더욱 느껴집니다.

생활 환경을 활용하는 앰비언트

일상생활에서 마주치는 환경이나 소품은 너무 다양해서, 특정 규격으로 나누어 각각의 매체로 정확히 구분하는 일은 쉽지 않습니다. 그래서 이러한 생활 환경을 활용한 캠페인을 묶어서 '앰비언트(Ambient)'로 분류합니다.

　　　　칸 라이언즈의 옥외 부문에는 '앰비언트 및 체험형(Ambient & Experiential)' 섹션이 마련되어 있습니다. 옥외 부문은 1992년부터 일찌감치 열렸습니다. 당시에는 포스터와 빌보드 중심이었죠. 그러나 지금은 앰비언트, 옥외에서의 경험(Experience) 등으로 영역이 확장되었습니다.

    2025년 옥외 부문에는 2001점이 출품되어 전체 출품작 중 약 7.4퍼센트를 차지했는데요, 전체 평균인 3.3퍼센트의 두 배가 넘는 수치입니다. 출품작 수가 2000점이 넘는 부문은 칸 라이언즈의 30개 부문 중 4개에 불과했습니다. 칸 라이언즈가 17개 부문으로 구성되었던 2014년에는 옥외 부문이 전체의 약 15.1퍼센트로 가장 큰 비중을 차지했고, 인쇄 부문이 13.4퍼센트로 뒤를 이었습니다. 하지만 인쇄 부문은 2024년에는 2.7퍼센트로 전체 평균에도 미치지 못하는 수준으로 감소했습니다. 이와 비교하면 옥외 광고의 영향력은 별반 줄어들지 않았다는 것을 알 수 있습니다. 앰비언트와 체험형 광고의 부상이 그 배경으로 보입니다.

    앰비언트 및 체험형 섹션은 "공공장소, 사물 및 환경을 활용한 모든 표준·비표준·자유 형식의 옥외 광고"를 대상으로 합니다. 비표준 또는 자유 형식의 옥외 광고가 중심이지만, 규격이 정해진 표준 옥외 광고가 제외되는 것은 아닙니다. 정지된 빌보드와 포스터는 별도 섹션으로 구성되어 있으니 제외되지만, 환경을 활용하는 캠페인이라면 표준 옥외 광고도 앰비언트에 포함될 수 있습니다. 구체적으로는 터치스크린을 포함한 여러 디스플레이부터, 별도로 제작된 구조물, 라이브 이벤트, AR·MR을 활용한 체험, 그리고 교통수단을 활용한 자유 형식의 작업 등이 포함됩니다.

이와 별도로, 다이렉트 부문과 미디어 부문에도 앰비언트와 관련된 카테고리가 있습니다. 바로 '소규모 미디어(Small-Scale Media)'와 '대규모 미디어(Large-Scale Media)'입니다. 물리적 크기에 따라 크고 작은 앰비언트를 활용한 캠페인의 크리에이티브를 평가하는 카테고리입니다. 출품작의 샘플을 보낼 수 있다면 소규모, 보낼 수 없을 정도로 크다면 대규모로 판단하면 됩니다.

이처럼 일상 속에서 발견되는 크리에이티브는 칸 라이언즈 내 다양한 부문에서 폭넓게 수용됩니다. 지금 내 주변에 메시지나 체험을 담을 수 있는 사물이 있는지, 감각을 곤두세워 바라볼 필요가 있습니다.

기술:

기술은 크리에이티브의
좋은 친구

아이디어 먼저

아시아-태평양 지역 어워드인 '애드페스트(AdFest)'는 매년 3월 태국 파타야에서 열립니다. 일본 덴츠(電通, Dentsu)의 글로벌 어워드를 이끌었던 아키라 카가미(Akira Kagami)는 2012년에 이 자리에서 광고 회사 제작 직군의 변화에 대해 흥미로운 분석을 내놓았습니다.

1980년대까지 카피라이터(Copywriter)와 아트 디렉터(Art Director)가 광고 제작의 중심이었는데, 1990년대에는 스토리텔링의 중요성이 부각되면서 스토리텔러와 아트 디렉터 중심으로 변화했다고 합니다. 2000년대에는 새로운 디지털 기술이 등장하면서 크리에이티브 테크놀로지스트(Creative Technologist)가 부상하기 시작했고, 2010년대에는 아이디어 라이터(Idea Writer)와 크리에이티브 테크놀로지스트의 협업 구조로 변화되었다는 것이죠. 아이디어와 기술이 크리에이티브를 이끄는 가장 핵심적인 요소가 되었다는 이야기였습니다.

10년도 훌쩍 지난 지금은 어떨까요? 광고 회사의 크리에이티브 직종은 여전히 카피라이터와 아트 디렉터로 구분되어 있지만, 실제 프로젝트를 실행하는 과정에서는 경계가 명확하지 않습니다. 전통적인 광고 형식을 벗어난 다양한 유형의 캠페인이 등장하면서, 두 직종만으로는 설명하기 어려운 일들이 생겨나기도 합니다. 그래서 어워드에 제출되는 스태프 리스트에 직책을 구체적으로 명시하지 않고 '크리에이티브'로 뭉뚱그려서 기재하는 경우도 종종 보게 됩니다. 이러한 변화의 중심에는 온라인 커뮤니케이션의 확산과 디지털 기술의 급속한 발전이 자리하고 있습니다.

새로운 기술은 그 자체로도 사람들에게 놀라움을 주기에 충분한 경우가 많습니다. 더욱이 멋진 아이디어가 새로운 기술을 통해 구현된다면 놀라움은 배가되겠죠. 그래서 그 무렵, 많은 크리에이티브가 기술에 주목했습니다. QR 코드, 3D 프린팅, 가상 현실(VR), 증강 현실(AR), 음성 인식 기술, 그리고 데이터를 전면에 내세운 캠페인들이 등장하며 주목을 받았습니다. 칸 라이언즈에서도 승승장구했죠.

몇몇 기술은 금세 일상 속으로 들어와 평범한 기술이 됩니다. 사용하기에 조금 복잡하다 싶은 기술은 마케팅 커뮤니케이션 현장에서 조용히 밀려납니다. 이 과정을 거치면서 크리에이티브들은 작은 깨달음을 얻습니다. 기술 그 자체에 집착하면 정작 사람들이 크리에이티브의 본질을 놓친다는 사실입니다. 기술로 시선을 끌기보다는 일상적 커뮤니케이션 안에서 예상치 못한 것을 보여 줘야 비로소 사람들은 귀를 기울입니다.

아이디어에 먼저 주목해야 합니다. 기술은 그 아이디어를 더 쉽고, 더 명확하게 전달하는 데 도움이 될 때 의미가 있습니다. 기술이 해결책이 된다면 주저하지 말고 사용해야 합니다. 다만 그러기 위해서는 새로운 기술이 어떤 해결책을 줄 수 있는지 미리 숙지해 둬야 합니다. 기술의 원리까지 깊이 알 필요는 없지만, 그 기술로 무엇을 할 수 있는지 정도는 알아 둬야 합니다. 그래야만 그 기술의 도움으로 전에 없던 방식으로 놀라움을 줄 수 있는 크리에이티브를 만들 수 있습니다.

요즘 세상은 AI 열풍입니다. AI가 사람들의 생활을 완전히 바꾸고 있습니다. 이미 우리가 인식하지 못하는 사이, 일상 곳곳에 AI가 스며들었습니다. 생성형 AI는 상상할 수 있는 온갖 질문에 답하고, 원하는 무언가를 만들어 주기도 합니다.

얼마 전에 번역 일을 하는 지인을 만났습니다. 요즘 여러 개의 생성형 AI를 번역 도구로 쓰고 있다고 하더군요. 각 도구가 제시하는 표현을 비교해 가며 가장 적합한 문장을 골라내고 정리하는 것이, 요즘 번역가에게 요구되는 새로운 능력이라고 합니다. 번역만이 아닙니다. 벌써 많은 사람이 일상적으로 AI를 활용하고 있습니다. AI는 우리가 일하는 방식 자체를 바꾸고 있고, 그 변화는 점점 더 커질 겁니다. 그러니 AI로 무엇을 할 수 있는지도 알아 둬야 합니다.

  AI는 '신기한 기술'의 단계를 넘어섰습니다. 이미 많은 사람이 알게 모르게 사용하고 있는 범용 기술이 되었습니다. 이제 'AI를 활용해서 만들었다'라는 사실만으로는 특별하지 않습니다. AI 활용을 전면에 내세우는 것은 이미 촌스러운 일이 되어 버렸습니다. AI를 활용했다고 요란하게 이야기하지 않더라도 아이디어를 실현하는 도구로 잘 쓰였다면 그 자체로 충분합니다. 크리에이티브가 돋보이도록 힘을 보태 줬다면, 그(AI)도 충분히 만족할 겁니다. 기술은 크리에이티브의 좋은 친구니까요.

  제일기획의 스페인 법인인 제일 스페인(Cheil Spain)이 제작한 삼성전자 '임펄스(Impulse)'는 갤럭시 워치용 애플리케이션입니다. AI를 활용한 개인 맞춤형 햅틱(haptic) 언어 치료 도구입니다. 말더듬증 등 말하기에 어려움을 겪는 사람에게 리듬 치료의 효과는 이미 입증되었습니다. 여기에 AI 기술을 접목해 더 쉽게 접근할 수 있도록 했습니다.

우선 사용자의 고유한 말하기 리듬을 AI가 분석합니다. 이를 바탕으로 개인에게 최적화된 비트를 생성하고, 갤럭시 워치를 통해 햅틱 신호로 제공합니다. 이 리듬은 사용자의 의사소통 패턴을 차츰 매끄럽게 해줍니다. 실제로 이 앱을 6개월간 사용한 사람이 프로젝트 사례 영상에 등장해, 임펄스의 효과를 증명해 보입니다.

흥미로운 점은 사용자가 AI를 사용하고 있다는 인식을 하지 않아도 된다는 것입니다. 그저 리듬 치료를 통한 말하기 연습을 할 뿐입니다. AI는 뒤에 서 있기만 합니다. 사람들이 기존 방식과 별반 다르지 않게 활용하도록 만들었습니다. AI는 이렇게 쓰는 겁니다.

삼성전자의 '임펄스'

배경

전 세계적으로 1억 명이 넘는 사람들이 언어 장애를 겪고 있습니다. 그러나 지금까지 언어 치료사에 의한 고비용 치료 외에는 해결책이 없었습니다. 언어 장애로 인해 자신감을 잃거나 자유로운 의사소통이 어려워져, 직장과 사회에서 고립되는 수백만 명의 사람들이 오늘도 현실적인 어려움에 직면해 있습니다.

삼성전자는 언어 장애를 겪는 사람들이 언어 능력을 향상할 수 있도록 보다 접근하기 쉬운 솔루션을 만들고 싶었습니다. 일부만이 접근할 수 있었던 치료법을, 우리 모두의 손안에 있는 모바일 기술을 통해 누구나 활용할 수 있도록 하고 싶었습니다. 전문가의 클리닉에서만 이루어지던 검증된 리듬 치료법을, 손목 위의 언어 코치 앱으로 개발하는 것이 목표였습니다.

아이디어

임펄스는 리듬을 통해 언어 장애를 완화하는 햅틱 언어 치료 앱입니다. 갤럭시 워치와 안드로이드 기반 모바일·태블릿 기기를 위해 설계된 이 앱은 AI 기술을 바탕으로 작동합니다. 자연어 처리를 위해 아파치 오픈 NLP 알고리즘을 내장하고 있으며, 사용자의 말하기 데이터를 분석해 단어의 음절을 비트로 변환하고 워치의 진동 센서를 통해 전달합니다. 소리를 내지 않고 손목 위에서 진동으로 작동하는 디지털 언어 치료사입니다.

이 앱은 음성 지원, AI 언어 코치, 리듬 및 음정 훈련 기능을 통해 다양한 상황에서 사용자를 돕습니다. 모든 기능은 무의식적인 템포 인식을 기반으로 언어 신경 자극을 활성화합니다. 또한 사용자가 녹음한 훈련 결과를 전문가가 제시한 기준과 비교해 분석할 수 있도록 음성 파형 인식 기술을 갖추고 있으며, 이후 훈련 성과에 대한 보고서를 제공합니다.

전략

스페인에서는 전체 인구의 약 1퍼센트가 언어 관련 문제를 겪고 있습니다. 그러나 이 치료는 사회 보장 제도의 지원을 받지 못합니다. 세션당 약 50유로의 비용이 들기 때문에 경제적 부담이 크고, 민간 치료 기관의 대기 시간도 해마다 7퍼센트씩 늘어나 치료 접근성이 점점 더 낮아지고 있습니다.

임펄스는 알츠하이머, 뇌졸중, 치매, 루게릭병(ALS), 말더듬증 등 다양한 언어 장애를 겪는 모든 사람의 언어 유창성을 향상하기 위해 개발된 앱입니다. 향후 의료 분야에 다가올 기술 혁명의 서막을 여는 혁신적인 치료법입니다. 별도의 비용 부담 없이 모바일 기기를 통해 환자의 삶을 개선하는 기술입니다.

삼성전자는 이미 지난 10년간 언피어(Unfear),

톡(Tallk), 블라인드 캡(Blind Cap), 디텍티브(Dytective) 등 30개 이상의 프로젝트에 2500만 유로 이상을 투자하며 사람들의 삶을 개선해 왔습니다. 임펄스는 그 연장선 위에 있습니다.

<u>실행</u>

이 아이디어의 실행은 여섯 단계로 이루어졌습니다.
1단계에서는 단어를 리듬 진동으로 변환해 손목에서 촉각 메트로놈을 작동시키는 AI 앱 임펄스를 개발했습니다.
이 앱은 스마트폰과 갤럭시 워치만으로 언어 장애를

극복할 수 있도록 설계되었습니다. 2단계에서는 다양한 언어 장애 환자들을 대상으로 국제 의료팀이 6개월 이상 앱을 테스트했습니다. 사용자 평점은 5점 만점에 4.5점을 기록했습니다.

   3단계에서는 전문가 검토를 거쳐 앱 디자인을 진행했습니다. 갤럭시 워치처럼 작은 화면에서도 모든 기능을 간결하게 구현하고 누구나 이해할 수 있도록 다국어 지원, 자가 설명 아이콘, 비트 기반 애니메이션, 생동감 있는 색상을 활용했습니다. 또한 배터리 소모를 최소화해 사용자에게 오랜 시간 도움을 줄 수 있도록 기능적으로 최적화했습니다.

   4단계에서는 스페인 언어 치료사 협회와 포르투갈 언어 치료 협회의 승인을 받았고, 구글 플레이와 갤럭시 스토어를 통해 공식 출시되었습니다. 5단계에서는 언어 장애가 어떻게 사람들의 말문을 막고 더 나아가 삶을 가로막았는지를 보여 주는 세 편의 영상 콘텐츠를 제작했습니다. 6단계에서는 임펄스를 다국어 버전으로 출시해 다른 국가로의 확장을 시작했습니다. 현재는 여러 나라의 언어 치료사들이 환자들에게 이 앱 사용을 권장하고 있습니다.

<u>성과</u>

임펄스는 스페인, 포르투갈, 가나, 미국, 아랍에미리트에서 6개월 이상 테스트와 개발을 거쳐 탁월한 성과를 거두었습니다. 스페인 언어 치료사 협회와 포르투갈 언어 치료 협회의 공식 인증을 획득했고, 사용자 평점 4.5점을 기록하며 효과를 입증했습니다.

현재 스페인과 포르투갈에서는 100명 이상의 언어 치료사와 청각 치료 전문가들이 실제 환자 치료에 이 앱을 활용하고 있습니다. 구글 플레이와 갤럭시 스토어 출시 이후, 국내외 주요 언론 매체에서도 폭넓게 보도되었습니다. 보건 전문가, 협회, 커뮤니티 구성원들이 소셜 미디어를 통해 이 소식을 공유하며, 환자와 치료사 모두로부터 긍정적인 반응을 이끌어 냈습니다.

공식 리포트 활용하기

2023년 칸 라이언즈의 공식 리포트는 "AI가 도처에 있었다(AI was everywhere)"라는 문장으로 시작합니다. 2022년 수상작 중에서 4퍼센트가 AI를 언급했는데, 2023년에는 두 배가 넘는

8.3퍼센트로 늘어났다는 겁니다. 2024년 리포트에 따르면 전체 출품작의 12퍼센트에서 AI가 사용되었습니다.

2024년 칸의 세미나 무대에서 가장 많은 관객을 모았던 일론 머스크(Elon Musk)는 2025년이 AI의 중요한 전환점이 될 것이라며 "지금은 역사상 가장 흥미로운 시기"이니 "즐기라(Enjoy the ride)"고 말했습니다. 그러면서도 AI가 잘못 작동해 뭔가 끔찍한 결과를 초래할 가능성도 5분의 1이라고 경고했죠. 2025년에는 전년도보다 다소 줄기는 했지만, 여전히 AI 관련 세미나가 여럿 개최되었습니다.

칸 라이언즈에서는 줄지어 열리는 세미나에서 세계 각국 크리에이티브 리더들의 생각과 주장을 들을 수 있고, 5일 동안 매일 저녁 열리는 시상식에서는 그해 최고의 크리에이티브를 만날 수 있습니다. 시상식 다음 날에는 전시장에서 수상작들만 따로 모아 좀 더 깊이 살펴볼 수 있습니다. 케이스 필름과 출품작 설명 자료를 찬찬히 확인할 수 있는 디지털 키오스크는 늘 북적입니다.

하지만 요즘은 공식 수상작 리스트만 있으면 유튜브를 통해 작품 대부분을 찾아볼 수 있습니다. 조금만 수고를 들이면 시간과 장소에 구애받지 않고 관람할 수 있는 셈입니다. 이런 변화 탓에 칸 라이언즈 현장에서 수상작을 직접 보는 일의 중요성은 예전에 비해 확실히 줄어든 것처럼 보입니다.

그러다 보니 요즘은 수상작보다 현장에서만 경험할 수 있는 것들에 더 비중이 쏠립니다. 5일 동안 행사장인 팔레 데 페스티벌(Palais des Festivals)의 극장들과 주변 공간에서는 세미나, 워크숍, 전시 등이 250건 이상 열립니다. 칸 해변을 점령한 부스에서는 구글, 메타, 틱톡, 아마존 같은 글로벌 브랜드부터 각종 제작사와 미디어사까지 크고 작은 세션을 개최합니다. 마케팅 커뮤니케이션 업계의 기업들이 서로 만나고, 자신을 알리며, 새로운 비즈니스를 만드는 데 분주한 모습입니다. 여기저기서 매일 열리는 파티들까지 쫓아다니려면 몸이 열 개라도 모자랄 지경이죠.

이렇듯 할 것, 볼 것, 들을 것이 워낙 많다 보니, 일주일 동안 경험할 수 있는 것은 극히 일부에 불과합니다. 그래서 다녀온 뒤의 정리 과정이 꼭 필요합니다. 어쩌면 현장에서 보내는 일주일은 자료를 모으는 시간이라고 할 수 있을 정도입니다. 가능한 한 많은 사진과 영상을 찍고, 더 많은 사람을 만나기 위해 바쁘게 움직여야 하는 이유입니다.

칸 라이언즈의 공식 요약 리포트(Official Wrap-up

Report)는 정리에 매우 유용한 자료입니다. 페스티벌이 끝난 뒤 3~4주 후에 나옵니다. 페스티벌에서 논의된 이슈들을 균형감 있게 요약해 줍니다. 주제별로 관련 수상작들을 정리해 제시할 뿐만 아니라, 세미나와 심사 위원장 기자 회견 등에서 나온 발언까지 골고루 다룹니다.

현장에서 직접 모은 자료와 경험이 이 리포트와 만나면, 든든한 '크리에이티브 근육'이 됩니다. 올해는 기술이 어떻게 언급되었는지, 기술과 절친이 된 크리에이티브에는 어떤 것이 있었는지 궁금하다면, 공식 리포트를 꼭 찾아보시길 권합니다.

경로:

크리에이티브가
빛나는 자리

경로는 크리에이티브의 일부

혹시 축구 좋아하세요? 크게 관심이 없더라도 손흥민 선수의 소식은 자주 접하셨을 겁니다. EPL에서 역사에 남을 만한 활약을 펼쳤으니까요. 손흥민 선수는 윙어, 스트라이커, 미드필더, 어디에 두더라도 제 역할을 해냅니다. 하지만 여러 포지션 가운데 가장 잘 어울리는 자리는 역시 좌측 윙어입니다. 그 자리에 있을 때 가장 좋은 활약을 보여 줍니다. 축구를 잘 모르는 저에게는 단순히 느낌일 수 있겠지만, 좌측 윙어로 뛸 때 그는 가장 행복해 보입니다. 좋아하고 잘 맞는 자리에 있을 때 더욱 빛나는 법이죠.

크리에이티브도 마찬가지입니다. 아무리 뛰어난 아이디어, 탁월한 카피, 감각적인 아트라 하더라도 적절한 맥락과 알맞은 매체, 최적의 타이밍에 놓여야 힘을 발휘할 수 있습니다. 크리에이티브가 빛나려면 제자리를 찾아 주는 전략이 반드시 함께해야 합니다.

크리에이티브는 메시지를 동반합니다. 그 메시지를 전달할 타깃을 설정하게 되죠. 흔히 2030 또는 3040 같은 연령대를 기준으로 시장을 구분하고 타깃을 정합니다. 같은 연령대라면 대체로 비슷한 생활 패턴과 문화를 공유하고 있다는 전제에 따른 것입니다. 그러나 더 정교한 타깃팅을 위해서는 연령이나 성별 같은 인구 통계학적 기준을 넘어선 다른 기준을 세워 보는 것도 좋습니다.

타깃을 정했다면 이제 그들에게 가장 효과적으로 메시지를 전달할 수 있는 자리를 찾아야 합니다. 그런데 매체 환경은 갈수록 복잡해지고, 소비자의 생활 역시 복합적이어서 그 자리를 찾기가 쉽지 않습니다. 그래도 찬찬히 경로를 설계해야 합니다. 적절한 경로를 찾으면 크리에이티브의 힘이 고스란히 전달됩니다. 그렇지 못하면 크리에이티브의 힘이 낭비되고 말죠. 결국 경로는 크리에이티브의 일부로 여겨져야 합니다.

2024년 칸 라이언즈에서 크리에이티브 B2B 부문(Creative B2B Lions)의 그랑프리를 수상한 제이씨데코(JCDecaux)의 '마리나 할머니를 만나요(Meet Marina Prieto)' 캠페인이 좋은 예입니다.

세계 최대의 옥외 광고 회사 제이씨데코는 전통적인 옥외 매체들이 새로운 매체들에 밀려 광고주들의 관심에서 점점 멀어지고 있는 현상이 걱정스러웠던 모양입니다. 여전히 기존 매체에서 상당한 수익을 만들어 내야 했을 테니 말입니다. 제이씨데코는 광고주들에게 데이터를 보여 주며 설득하는 대신, 지하철 광고의 효과를 실증하는 캠페인을 만들어서 다시금 투자를 이끌어 내고 싶었습니다.

제이씨데코는 스페인에 사는 마리나 프리에토(Marina Prieto)라는 할머니를 주인공으로 선택했습니다. 맘씨 좋고 유쾌해 보이는 평범한 할머니였습니다. 100세까지 건강하게 살아오셨다는 점 외에는 딱히 특별할 것이 없는 분이었습니다. 다만 눈길을 끄는 한 가지는 할머니가 인스타그램에 일상을 올리고 있었다는 겁니다. 팔로워 수는 28명에 불과했는데, 충분히 이해되는 수치였죠.

제이씨데코는 인스타그램에서는 인기가 없었던 할머니의 사진들을 그대로 지하철 광고면에 옮겨 붙였습니다. 광고주가 찾지 않아 비어 있던 자리에 말이죠. 할머니의 평범한 사진들은 광고주들이 외면했던 바로 그 자리에서 생기를 얻었습니다. 사람들은 그 할머니가 누군지 궁금해하기 시작했습니다.

제이씨데코는 자신들의 타깃인 CMO(Chief Marketing Officer)들이 모인 자리에서 이 할머니가 누구인지, 왜 그 자리에 있는지 밝혔습니다. 지하철 유동 인구 통계나 소비자 상기도 조사, 광고주 앞에서의 멋진 프레젠테이션보다 훨씬 강력한 메시지를 전달하는 순간이었죠. B2B 기업인 옥외 광고 회사가 직접 클라이언트에게 설명하는 대신, 소비자 대상 실험을 통해 광고주의 마음을 사로잡은 것입니다. 결국 지하철 광고를 하겠다는 광고주가 줄을 섰고, 제이씨데코는 185개 이상의 브랜드와 계약을 체결하게 됐습니다.

　　　제이씨데코는 옥외 광고 매체에 더 많은 지출을 결정할 수 있는 CMO를 타깃으로 설정했습니다. 그들에게 옥외 광고가 충분히 효율적일 수 있다는 점을 보여 주기 위해 기존의 데이터에 기대지 않았습니다. 대신 실제 옥외 매체를 활용한 사례를 만들기로 했습니다.

　　　첫 번째 자리는 옥외 매체일 수밖에 없었겠죠. 여기에다 요즘 비중이 가장 크고 계속 성장하고 있는 디지털 매체를 또 다른 자리로 설정했습니다. 소셜 미디어에서 주목받지 못했던 평범한 할머니를 선택해 지하철 광고에서 인기를 끄는 모습을 보여 준 것입니다. 그리고 다시 그 모습이 소셜 미디어에서 확산되도록 설계했죠.

　　　이렇게 디지털 매체에서 풀지 못한 것을 지하철 광고로 풀어낸 효과적 사례를 만들었고, CMO들이 모이는 마케팅 시상식인 '에피 어워드(Effie Awards)'에서 성과를 발표했습니다. 평범한 마리나 할머니의 평범하지 않은 사례는 CMO들에게 인상적인 사례로 다가왔죠. 결국 많은 CMO가 다시 옥외 매체를 선택하는 의사 결정을 내리게 되었습니다.

소셜 미디어에서 지하철 광고로, 다시 소셜 미디어로, 그리고 타깃과 직접 맞닿은 시상식까지, 타깃과 경로는 명확하고 세심하게 설계되어 있었습니다. 결과는 충분히 만족스러웠고요.

제이씨데코의 '마리나 할머니를 만나요'

배경

스페인 마드리드에서는 매일 230만 명 이상이 지하철을 이용합니다. 하지만 브랜드 입장에서 지하철 매체는 일반 옥외 광고만큼 관여도나 효과, 매력도가 높지 않습니다. 그 결과, 2023년 마드리드의 지하철 광고 집행 금액은 전년 대비 7퍼센트 감소했습니다. 제이씨데코는 지하철 광고의 진정한 효과를 입증하고 브랜드들이 다시 투자할 수 있도록 만들고 싶었습니다.

이 캠페인의 가장 중요한 목표는 이 미디어의

성과를 간단하게 보여 줄 수 있는, 측정 가능한 결과를 만드는 것이었습니다. 광고물을 인쇄하는 비용을 제외하면 매체에 집행할 수 있는 예산은 매우 제한적이었습니다. 대신 마드리드 지하철에서 브랜드들이 구매하지 않은 모든 공간을 사용할 수 있었습니다.

아이디어

판매되지 않은 지하철 광고 공간을 활용해 이 매체의 힘을 입증하기로 했습니다. 마리나 프리에토 할머니를 통해서요. 100세의 사랑스러운 할머니 마리나 프리에토는 인스타그램에 콘텐츠를 올리고 있었지만, 팔로워는 28명에 불과했습니다. 만약 지하철 광고를 통해 할머니를 유명하게 만들 수 있다면, 브랜드 역시 이 매체를 통해 유명세를 얻을 수 있다는 사실을 증명할 수 있을 것입니다.

그래서 할머니의 인스타그램 계정에 게시된 54개의 게시물을 마드리드 지하철 곳곳에 배치했습니다. 브랜드 로고도, 행동 유도(Call to Action) 문구도 없이 말입니다. 결과는 기대한 대로였습니다. 사람들은 지하철 곳곳에 등장한 신비로운 여성에 대해 이야기하기 시작했고, 궁금증은 빠르게 확산했습니다. 대화가 절정에 이르렀을 때 에피 어워드에서 캠페인의 전모를 공개했습니다. 주요 광고주들이 모이는 행사에서 타깃 오디언스에게 직접 메시지를 전달한 것입니다.

전략

이번 캠페인의 전략은 사람들과 진정한 연결을 만들어 낼 수 있는 아이디어를 고안하는 것이었습니다. 이를 위해 유머와 감동, 즉 대중이 공감할 수 있는 보편적인 감정을 불러일으키는 방향으로 접근했습니다. 마리나 프리에토를 선택한 이유입니다. 다른 인물들도 검토했지만, 100세 할머니의 이야기가 그녀 자신과 모두에게 더 큰 가능성을 열어 줄 것이라고 생각했습니다.

실행

2023년 10월 10일, 마드리드 지하철의 빈 광고 공간에 마리나 프리에토의 인스타그램 게시물 54개를 게재했습니다. 캠페인은 4주간 진행되었고, 이 기간에 이 옥외 광고가 14개국 이상에서 언급되었습니다. 2023년 10월 27일, 모두가 이 캠페인에 관해 이야기하고 있는 시점에, 스페인의 주요 CMO들이 참석한 에피 어워드에서 캠페인의 주체를 공개했습니다. 그 효과는 이후 몇 주, 몇 달에 걸쳐 눈에 띄게 나타났습니다.

결과

이 캠페인은 마리나 프리에토와 제이씨데코 모두에게 의미 있는 성과를 안겨 줬습니다. 마리나 프리에토의 인스타그램은 무려 3만 9285퍼센트 성장했고, 프로필 조회 수는 150만 건을 넘어섰습니다. 참여율은 1만 3405퍼센트 증가했고, 마리나의 계정은 14개국 이상에서 언급되었습니다. 제이씨데코는 185개의 신규 브랜드를 유치했고, 기존 광고주의 미디어 투자액도 두 배로 늘었습니다. 기록적인 수준의 예약 규모였습니다.

칸을 처음 마주한 사람에게

칸 라이언즈에 처음 참석하면 규모와 다양한 콘텐츠에 놀라게 됩니다. 단순한 광고제라기보다 전 세계 크리에이티브 산업이 총집결한 박람회에 가깝습니다. 일주일이라는 짧지 않은 기간에도 모든 콘텐츠를 충분히 살펴보기 어려울 정도입니다. 그래서 사전에 꼭 보고 싶은 세션과 전시를 정리하고, 일주일간의 동선을 잘 설계해 둬야 제대로 경험할 수 있습니다.

처음 방문하는 사람이라면 행사장 주변보다 행사의 중심부부터 차근차근 둘러보는 것이 좋습니다. 보통 가장 먼저 들르는 곳이 지하 1층의 전시 공간입니다. 입구에 들어서면 곧장 크리에이티비티의 세계로 진입하는 것을 환영하는 듯한 계단이 관람객을 맞이합니다. 올해는 어떤 생각들을 만나게 될까 하는 기대감 속에 첫 발걸음을 떼게 됩니다.

안내 키오스크를 시작으로 짧은 복도를 지나면, 작품 전시 공간과 간단한 미팅을 할 수 있는 공간, 심사 위원들이 등장해 이야기하는 작은 무대 등이 나타납니다. 전반적으로 출품작과 수상작을 위한 공간입니다.

출품 보드 　　　　　　　　　디지털 키오스크

　　작품 전시 공간에서 가장 큰 비중을 차지하는 것은 본선(Shortlist) 진출작의 출품 보드(Presentation Board)입니다. 최근에는 폐기물을 줄이기 위한 노력으로 물리적 전시의 비중이 예전보다 줄고, 대신 디지털 키오스크가 확대되었습니다. 이곳에서는 출품 보드뿐 아니라 출품 영상, 그리고 출품자가 직접 작성한 작품 설명 자료까지 열람할 수 있습니다. 이를 통해 출품자들이 자신의 아이디어를 어떻게 피력하고 있는지, 즉 '크리에이티브를 돋보이게 하는 크리에이티브'에 대해 깊이 있게 살펴볼 수 있습니다.

　　전시장 입구에는 칸 라이언즈의 역사나 역대 포스터 같은 기본적인 내용이 소개되어 있습니다. 칸이 걸어온 여정을 한눈에 볼 수 있는 이 공간은 그해 크리에이티브의 세계에 본격적으로 빠져들기 전에 분위기를 끌어올리는 역할도 합니다. 2024년에는 이 자리에 칸 라이언즈

30개 부문의 트로피가 전시됐습니다. 1954년 극장 광고 경연으로 출발한 영상 부문부터 2024년 신설된 럭셔리 및 라이프스타일 부문(Luxury & Lifestyle Lions)까지 모든 트로피를 볼 수 있었습니다.

  트로피 아래에 적혀 있는 연도를 유심히 들여다보면 재미있는 사실을 발견할 수 있습니다. 1991년까지 칸 라이언즈는 영상 광고만을 대상으로 하는 경연이었습니다. 2000년 이전에 추가된 부문은 1992년 인쇄 부문(Press Lions) — 현재는 인쇄 및 출판 부문(Print & Publishing Lions)으로 변경 — 과 옥외 부문(Outdoor Lions), 그리고 1999년 미디어 부문(Media Lions)이 전부입니다.

  하지만 2000년대로 접어들며 급속도로 부문이 확장됩니다. 2002년부터 2024년까지 23년 동안, 2004년과 2017년, 그리고 팬데믹 여파로 전년과 통합 개최된 2021년을 제외하면 매년 최소 하나 이상의 부문이 신설되었습니다. 특히 2018년에는 무려 5개 부문이 추가되기도 했습니다. 그 결과, 오늘날 칸은 복잡하고 영역의 끝을 가늠하기 힘든 총 30개 부문이라는 체계를 갖추게 되었습니다.

  트로피는 사자의 형상을 하고 있습니다. 축제의 이름이자 상징이 사자이니 당연합니다. 그런데 사자가 기대고 있는 배경은 각 부문의 특성을 반영해 조금씩 다른 형상으로 디자인되어 있습니다. 최근에는 트로피 소재도 다양해지고 있습니다. 예컨대 지속 가능 개발 부문은 재생 플라스틱으로, 글라스 부문은 실제 유리로 제작됩니다.

감각:

받아들이는 사람의
감각에 주목하기

의외의 감각 건드리기

우리가 세상을 느끼는 방식은 단순하면서도 놀랍습니다.
눈으로 보고, 귀로 듣고, 코로 냄새 맡고, 혀로 맛보고,
손끝으로 만지며 하루를 살아갑니다. 흔히 '오감'이라고
부르는 이 다섯 가지 감각은 우리의 감정과 기억을
형성합니다. 그렇기에 사람들의 마음을 움직이고 오래도록
기억되게 하려면 오감을 통해 잘 느끼게 해줘야 합니다.

크리에이티브를 구상할 때 우리는 으레 어떻게 보여
줄까, 어떤 말로 설득할까를 먼저 고민합니다. 하지만 시선을
바꿔서 생각하면 다른 것이 보이기도 합니다. 사람들이 내
이야기를 어떻게 느낄까, 즉 받아들이는 사람의 감각에
주목하는 겁니다.

TV 광고나 온라인 영상 광고는 시각과 청각, 두 가지
감각을 동시에 활용합니다. 눈으로 보는 동시에 음악이나
목소리를 듣게 되죠. 라디오 광고는 청각에만, 인쇄물이나
거리의 빌보드 광고는 시각에만 의존합니다. 원래 쓰이는
감각에서 조금 더 나아가 다른 감각을 건드려 보면 어떨까요?
광고와는 거리가 멀어 보이는 후각, 촉각, 미각까지 말이죠.

꽤 오래전 일이지만, 기억에 남는 장면이 있습니다.

어느 날 후배가 향기를 활용한 캠페인 아이디어를 들고 왔습니다. 향기는 전기적으로 전송할 수 없기 때문에 소비자와의 접점에서 만들어 줘야 합니다. 그래서 다루기 쉽지 않은 감각이라고 생각하고 있었습니다. 그런데 그는 차근차근 풀어내더군요.

버스를 접점으로 삼아서 향기를 분사하는 장치를 만든 겁니다. 버스 정류장 안내 방송에 이어서 들리는 청각적 광고에 후각을 더했습니다. 서울 강남역에 있는 던킨도너츠 매장 앞에 버스가 정차할 때 음성 광고와 함께 커피 향을 뿌렸습니다. 승객들이 뜻밖의 커피 향을 맡으며 버스에서 내리면 바로 눈앞에서 던킨도너츠 매장을 마주하게 됩니다. 청각에서 시작한 버스 광고가 후각을 자극하고, 마지막에 시각으로 완성되는 구조였습니다.

그 후배는 흔한 커피 맛 향이 아니라 진짜 커피 향을 만들어 내기 위해 연구실로 뛰어다녔습니다. 버스 광고에 맞춰 향기를 분사하는 장치를 만들고, 향기 나는 액체를 채우기 위해 버스 종점으로도 뛰어다녔습니다. 쉽지 않은 캠페인이었지만, 후각을 활용한 인상적인 실험이었습니다. 2012년 칸 라이언즈에서 동사자상 두 개를 거머쥐는 성과까지 거두었고요.

오감을 고민하는 출발점으로 청각에 주목하는 것도 좋습니다. 늘 활용하고 있으면서도 상대적으로 덜 고민하게 되는 감각이니 말이죠. 청각은 단순히 라디오 광고나 영상 광고의 일부 요소에 머물 것이 아니라, 가능성을 더 확장해 생각해 볼 필요가 있습니다.

넷플릭스가 오프닝에서 사용하는 '투둠' 효과음은 시청자가 넷플릭스의 콘텐츠를 감각적으로 인식하게 합니다. 이 소리는 단순히 시청 시작을 알리는 신호가 아니라, 브랜드의 콘텐츠 세계로 들어가는 문으로서 시청자를 준비시키는 역할을 합니다. 그래서 넷플릭스는 이 효과음을 여러 캠페인에 적극적으로 활용합니다.

자동차 제조사들은 자동차에 소리를 입히는 작업을 합니다. 시동이 걸릴 때나 깜빡이등이 켜질 때 들리는 소리는 운전자의 감각을 자극합니다. 엔진 소리는 브랜드의 정체성과 감성을 드러내는 청각적 질감으로 작용하기도 합니다.

크리에이티브를 만들 때는 하나의 감각에 집중하거나, 의외의 감각을 끌어들이는 것만으로도 전혀 다른 방식으로 사람들의 마음을 움직일 수 있습니다. 소리, 냄새, 질감 같은 요소에 집중해 다가가 보세요. 그리고 자신에게 이렇게 물어보는 겁니다. '사람들은 어떤 감각으로 이 이야기를 기억하게 될까?' 이 질문이 전혀 다른 크리에이티브의 출발점이 될 수 있습니다.

        칸 라이언즈에서 라디오 부문은 한때 쇠퇴해 가는 영역이었습니다. 라디오 광고만을 대상으로 하다 보니, 매체로서 비중이 줄어드는 상황에서 자연히 중요도도 낮아질 수밖에 없었습니다. 그러나 범위를 청각을 활용하는 '오디오'로 확장하면서 이 부문은 다시 주목받고 있습니다.

        2024년 이 부문의 그랑프리는 안경과 보청기 유통 브랜드 스펙세이버즈(Specsavers)의 '잘못 들은 버전(The Misheard Version)' 캠페인에 돌아갔습니다. 사람들이 더 쉽게 청력 검사를 받도록 유도한 작업입니다. 이 캠페인은 PR 부문에서도 그랑프리를 거머쥐며, 남들은 평생 한 번 얻기도 힘든 영예를 두 번이나 누렸습니다.

        많은 사람이 엉뚱하게 알아들었던 가사로 노래를 다시 제작했고, 그 '잘못 들은 버전'의 음원을 공개했습니다. 이 노래에는 가사라고 하기에는 아주 이상한 문장들이 들어 있습니다. 예컨대 "당신은 다른 남자한테서는 이를 못 잡을 거예요(You wouldn't get nits from any other guy)!"라든가, "당신 이모가 벌거벗고 있는데 너무 부끄러워 말하지 못했어요(Your aunt's been naked but you're too shy to say it)." 같은 식이죠. 원래 가사인 'this'를 'nits'로, 'heart's'를 'aunt's'로 잘못 들은 사람이 많았던 겁니다.

새 버전의 노래를 들은 사람들은 '내가 잘못 들은 건가?'라는 의문을 품게 되었습니다. 제대로 들었는지 의심하면서 더 주의 깊게 귀 기울이게 만든 뒤, 가수 릭의 청력 손실과 첫 보청기 착용 과정을 공개했습니다. 청력 검사에 대한 심리적 장벽을 낮춘 거죠. 이 광고 덕분에 웬만해서는 청력 검사를 받지 않던 사람들이 검사를 받기 시작했습니다. 애초 목표는 5퍼센트 증가였는데, 12배가 넘는 66퍼센트 증가라는 놀라운 결과를 만들어 냈습니다. 지금도 스펙세이버즈 홈페이지에 들어가면 가까운 검사소를 찾아 무료 청력 검사를 신청할 수 있습니다. 영국에 거주하고 있다면 말이죠.

스펙세이버즈의 '잘못 들은 버전'

배경
영국인들은 청력 검사를 잘 받지 않습니다. 늙은 것 같은 느낌이 들기 때문입니다. 하지만 그 결과 삶의 질이 떨어지고

고립감을 느끼게 됩니다. 청력 손실은
듣는 능력의 저하에 그치지 않습니다.
심장 질환, 인지 장애, 알츠하이머병,
당뇨병, 고혈압 등 다양한 만성 질환과
연관돼 있습니다. 정기적으로 청력
검진을 받으면 이런 질환의 경고
신호를 조기에 발견해 더 빠른 치료로
이어질 수 있습니다.

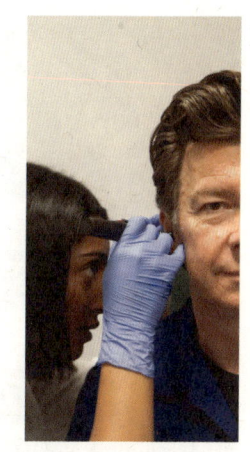

아이디어

스펙세이버즈는 청력 보호를 넘어 장기적인 공중 보건 차원에서 사람들이 청력 검사에 참여하도록 하고 싶었습니다. 핵심 타깃층인 40~60세뿐 아니라 25~40세의 청력 검사도 확대한다는 목표를 세웠습니다. 2023년 10월 릭 애슬리(Rick Astley)의 인기곡 〈Never Gonna Give You Up〉을 다시 녹음했습니다. 원래도 사람들이 가사를 종종 잘못 알아듣는 곡이었는데, 이번에는 아예 '잘못 들리는 가사'로 새롭게 녹음해 아무 설명이나 브랜딩 없이 공개했습니다. 사실상 전 국민을 대상으로 하는 대중 청력 테스트가 펼쳐진 셈입니다.

<u>실행</u>

공개 8시간 만에 틱톡 조회 수가 2000만 건을 넘어서자, 스펙세이버즈는 곧바로 릭의 숨겨진 청력 손실과 첫 보청기 착용 과정을 공개했습니다. 이 이야기는 틱톡, X, 메타 같은 소셜 플랫폼은 물론 유명 TV 프로그램을 통해서도 확산했습니다. 난청과 보청기에 대한 오해를 해소하는 교육용 영상 콘텐츠로 사람들을 이끌었고, 최종적으로 스펙세이버즈 홈페이지에서 청력 검사를 예약하도록 유도했습니다.

성과

전국적으로 난청에 대한 담론이 형성되면서 주요 뉴스와 400개 이상의 미디어에서 이 캠페인이 보도되었습니다. 별도의 미디어 예산 없이도 공개 8시간 만에 조회 수 2000만 건을 돌파했고, 9500만 건의 노출을 달성했습니다. 스펙세이버즈는 청력 관리와 귀 건강 전문 브랜드로서 인식이 13퍼센트 상승했고, 청력 검사 예약은 목표치였던 5퍼센트 증가를 훌쩍 넘어 66퍼센트 증가를 기록했습니다.

오디오와 라디오

라디오 광고의 비중은 해마다 줄어들고 있습니다. 글로벌 광고 마케팅 컨설팅 기관 WARC가 발표한 광고 시장 전망에 따르면, 2024년 전 세계 광고 지출은 전년 대비 10.5퍼센트 증가한 1조 700억 달러로, 사상 처음 1조 달러를 넘어설 것으로 예상됩니다. 이 가운데 소셜 미디어는 2418억 달러 규모로 가장 큰 광고 채널의 자리를 지킬 것으로 전망됐습니다. 반면 인쇄·출판, 라디오, TV, 극장, 옥외 광고를 아우르는 레거시 미디어에 대한 광고 지출은 2023년 대비 1.5퍼센트 늘어난 2705억 달러에 그칠 것으로 보입니다. 미국 대선에 따른 일시적 광고비 지출을 제외하면, 사실상 0.5퍼센트 감소할 것이라고 했죠. 특히 라디오는 3년 연속 감소세를 이어 가며 -2.3퍼센트를 기록할 것으로 보입니다.

라디오는 TV보다 훨씬 오래된 매체이니, 칸 라이언즈에서도 일찍부터 관련 부문이 생겼을 것이라 짐작하기 쉽습니다. 그러나 실제로는 1954년 필름 부문으로 출발한 칸 라이언즈가 50년이 지난 2005년에야 라디오 부문(Radio Lions)을 신설했습니다. 개설 순서로 따져도 인쇄 및 옥외 부문(Press & Outdoor Lions, 1992년), 사이버 부문(Cyber Lions, 1998년), 미디어 부문(Media Lions, 1999년), 다이렉트 부문(Direct Lions, 2002년), 티타늄 부문(Titanium Lions, 2003년)에 이어 7번째입니다.

개설 시기부터 오래 망설인 흔적이 보이는 라디오 부문은 출범 이후에도 부침을 거듭해 왔습니다. 엔트리 수는 줄곧 전체 부문 평균을 밑돌았고, 2010년에는 그랑프리 수상작을 내지 못했습니다. 심사 위원단이 그해에는 그랑프리를 줄 만큼 크리에이티브한 캠페인이 없었다고 판단한 것입니다.

몇 해가 더 지나 2018년에는 라디오 광고에서 오디오 콘텐츠로 영역을 넓혀 '라디오 및 오디오 부문(Radio & Audio Lions)'으로 개편되었습니다. 오디오를 포함하면서 활력을 띠기 시작했죠. 나아가 2024년에는 오디오를 앞세워 '오디오 및 라디오 부문(Audio & Radio Lions)'으로 명칭을 다시 바꾸었습니다.

칸 라이언즈는 이런 변화를 두고 "기술이 지속적으로 발전하면서 오디오 콘텐츠가 다양한 플랫폼에서 두드러지게 나타나, 전통적인 라디오의 뿌리에서 벗어났다"라고 설명합니다. 이제 오디오 콘텐츠는 라디오의 한계를 넘어, 여러 플랫폼에서 중요한 자리를 차지하게 되었습니다.

직관:

설명하지 않고

느끼게 하기

감각적이고 감정적으로

광고를 일부러 찾아서 보는 사람은 많지 않습니다. 대부분은 자신이 원하는 콘텐츠를 소비하는 도중에 우연히 광고를 마주칩니다. 그래서 광고는 방영 시간표가 없습니다. 잠깐 눈에 띄었을 때 소비자의 관심을 붙잡고, 브랜드가 원하는 메시지를 전해야 합니다.

크리에이티브는 이 짧은 순간을 만들기 위해 공을 들입니다. 그래야 진짜 하고 싶은 이야기를 제대로 전달할 수 있으니까요. 반대로 이 순간을 만들지 못하면, 그 뒤에 아무리 훌륭한 이야기가 준비되어 있어도 소비자에게 들려줄 기회를 얻지 못합니다. 결국 크리에이티브는 한눈에 알아볼 수 있는 순간을 만들어 내야 합니다. 그 순간에 관심을 사로잡고 메시지를 전할 수 있어야 합니다.

이 과정에서 메시지가 반드시 논리적일 필요는 없습니다. 오히려 감각적이고 감정적인 접근이 더 효과적일 수 있습니다. 멋지다, 신난다, 달콤하다, 사랑스럽다, 행복하다 같은 감정을 불러일으키며 브랜드를 직관적으로 떠올리게 하는 크리에이티브도 좋습니다. 때로는 별다른 생각 없이 따라 하게 하거나 무의식적인 행동을 유도하는 방식도 효과적입니다.

직관은 복잡한 설명보다 강력합니다. 메시지를 이해시키려고 하기보다 그 순간에 느끼게 만들어야 합니다. 그 느낌이 브랜드에 대한 인식이 되고, 호감이 되고, 결국 행동의 변화로 이어집니다.

요즘 소비자들은 하루 종일 휴대폰으로 정보와 콘텐츠를 소비합니다. 메시지를 전하려면 그들이 휴대폰 화면을 스크롤하는 순간을 붙잡아야 합니다. 스쳐 지나가는 화면 속에서 다시 한 번 쳐다보게 하고, 한눈에 느끼게 하고, 메시지를 듣게 하고, 행동하게 해야 합니다. 한마디로 크리에이티브는 직관적이어야 합니다. 찰나의 순간을 놓치지 않고 소비자의 시선과 감정을 사로잡는 것, 그것이 크리에이티브가 가장 먼저 풀어야 할 과제입니다. 그래야 우리가 진짜로 하고 싶은 이야기를 소비자에게 들려줄 수 있습니다.

스포츠 스폰서십 현장에서도 브랜드는 주어진 짧은 시간 안에 직관적인 크리에이티브를 발휘해야 합니다. 경기장 펜스 광고처럼 단순히 배경에 자리 잡는 방식만으로는 관중의 시선을 붙잡기에 한계가 있습니다. 더 효과적인 스폰서십을 위한 새로운 접근이 필요합니다.

오랫동안 미국인의 아침 식사 아이콘으로 자리해 온 팝타르트(Pop-Tart)는 '최초의 식용 마스코트(The First Edible Mascot)' 캠페인을 통해 해답을 보여 주었습니다. 대학 미식축구 우승 현장에서 브랜드가 원하는 메시지를 직관적으로 전달한 사례였습니다.

경기 내내 앞에서 열정적으로 응원하던 마스코트가 경기가 끝나자 거대한 토스터 속으로 들어갑니다. 이윽고 먹음직스럽게 구워진 팝타르트가 되어 나타납니다. 승리한 선수들은 그 팝타르트를 신나게 뜯어 먹습니다. 팝타르트가 아침 식사만이 아니라 간식으로 즐기기에도 좋다는 메시지를 직관적으로 보여 줬습니다. 선수들이 즐겁게 팝타르트를 먹어 치우는 모습을 보면서 관중은 열광하며 새로운 축제를 즐깁니다. 팝타르트가 원래 아침 식사의 아이콘이었다는 사실은 파티를 즐기는 사람들의 머릿속에 남아 있지 않아 보입니다.

팝타르트는 이 캠페인으로 칸 라이언즈를 휩쓸 수 있으리라 기대했던 듯합니다. 6개 부문에 4개씩, 그리고 티타늄 부문까지 합쳐 총 25개 엔트리를 출품했습니다. 한 캠페인이 낼 수 있는 거의 최대치에 가까운 규모였습니다. 결과적으로 그랑프리를 수상했으니 기대에 부응한 셈입니다.

그런데 수상 내역을 들여다보면 고개가 갸웃해집니다. 브랜드 경험 및 활성화 부문의 '실황 브랜드 경험 또는 활성화(Live Brand Experience or Activation)'에서 그랑프리를 받은 것 외에는 최종 후보작에 오른 카테고리가 단 두 개뿐이었기 때문입니다. 나머지 22개 카테고리에서는 본선 진출도 하지 못했습니다. 특히 각 부문의 '유머 활용(Use of Humour)' 카테고리에는 거의 빠짐없이 출품했지만 모두 본선 진출에 실패했습니다. 브랜드가 스스로 강점이라고 여겼던 부분을 심사 위원단은 인정하지 않은 셈입니다.

조금 전까지 눈앞에서 까불고 응원하던 마스코트를 선수들이 마구 뜯어 먹는 장면은, 보기에 따라 엽기적으로 비칠 수도 있습니다. 실제로 그랑프리 선정 과정에서 심사 위원단 내부에 약간의 진통이 있었다고 하네요. 어쩌면 미국이라는 특정 문화권에서는 직관적이고 유쾌하게 소비될 수 있었던 퍼포먼스가, 다른 문화권에서는 낯설고 불편하게 다가왔을지도 모릅니다. 특유의 문화적 맥락에서 직관적인 캠페인을 만드는 것과, 그것을 다른 문화권 사람들에게 긍정적으로 이해시키는 일은 별개의 과제인 것 같습니다.

팝타르트의 '최초의 식용 마스코트'

배경

팝타르트는 오랫동안 아침 식사의 아이콘으로 자리해 왔습니다. 하지만 브랜드가 성장하려면 아침 식사에서 간식으로의 확장이 필요했습니다. 핵심은 10대와 20대 초반의 새로운 소비자층이 팝타르트를 자연스럽게 간식으로 즐기도록 만드는 것이었습니다. Z세대가 팝타르트를 화제로 삼고, 어떤 상황에서도 재미있게 즐길 수 있는 간식임을 보여주는 캠페인을 만들어야 했습니다.

마침 브랜드는 대학 미식축구의 새로운 보울게임(Bowl Game) — 시즌 후 열리는 이벤트 경기 — 스폰서십을 체결한 상태였습니다. 문제는 2023년이 보울게임 스폰서십을 하기엔 썩 좋은 시기가 아니었다는 점입니다. 많은 브랜드가 경쟁적으로 후원에 뛰어들었고, 주요 선수들은 점점 경기를 기피하는 분위기였습니다. 보울게임 후원은 더 이상 신선하지 않았습니다. 오히려 식상해졌습니다. 경기 자체보다 더 흥미로운 브랜드 스폰서십을 만들어야 했습니다.

아이디어

기존 스포츠 후원을 뛰어넘기 위해 팝타르트는 '세계 최초의 식용 마스코트'를 첫 '팝타르트 보울(Pop-Tarts Bowl)' 경기에서 선보였습니다. 경기 전에 이 소식을 발표해서 경기가 시작되기도 전에 팝타르트는 대학 미식축구 보울 시즌의 화제를 선점했습니다. 경기 당일에 브랜드는 이 마스코트를 우승팀에게 '희생'시켜 간식으로 제공하는 퍼포먼스를 연출했습니다. 이 장면은 팬들, 방송, 미디어는 물론 경쟁 브랜드까지 열광하게 만들며 브랜드 스폰서십의 새로운 시대를 열었습니다.

전략

'미식축구를 좋아하지 않아도 그 분위기는 즐길 수 있다'라는 인사이트에서 출발해, 경기 자체가 아닌 대학 미식축구 문화의 의식과 퍼포먼스에 주목했습니다. 우승 팀의 과장된 세리머니나 마스코트의 엉뚱한 행동처럼, 사람들이 경기보다 파티를 즐긴다는 점에 착안했습니다. 타깃은 대학 미식축구 팬에 국한되지 않았습니다. 팝컬처와 엔터테인먼트에 반응하는 젊은 세대를 겨냥했습니다.

경기 6주 전부터 '식용 마스코트'의 존재를 온라인에서 알리며 궁금증과 추측을 유도했습니다. 경기 당일에는 토스터에서 내려온 마스코트가 '희생'되고, 우승 팀이 그를 즐겁게 먹어 치우는 모습을 정교하게 연출했습니다. 팬들과 미디어가 이 장면을 공유하고 밈을 만들어 내도록 유도했습니다.

실행

2023년 11월 말, 보울 시즌 개막과 함께 식용 마스코트가 공식 발표되었습니다. 그 순간부터 한 달 동안 팬들과 미디어는 '경기에서 도대체 무슨 일이 벌어질까?'라는 기대 속에 끊임없이 이야기를 나눴고, 팝타르트는 이를 적극적으로 부추겼습니다. 경기 당일, 마스코트는 양 팀을 응원하며 존재감을 키웠고, 실제 경기보다도 방송과 소셜 미디어에서 더 큰 화제가 되었습니다.

     마침내 마스코트는 운동장에 설치된 거대한 토스터 속으로 들어가 '희생'되었고, 우승 팀이 그를 실제로 먹는 장면이 공개되자 팬들과 시청자들은 환호했습니다. 경기가 끝난 뒤에도 열기는 식지 않았습니다. 수많은 밈과 2차 콘텐츠가 쏟아졌고, '다음에는 마스코트가 또 무엇을 할까'라는 새로운 관심으로 이어졌습니다.

성과

《뉴욕타임스》, 《월스트리트저널》, 《포춘》, 《블룸버그》, 《피플》 등 주요 언론과 방송이 앞다투어 보도하고 인터뷰를 진행했습니다. 그 결과 타 브랜드 스폰서보다 15배 많은 보도량을 기록했고, 미디어 노출은 40억 회를 넘어섰습니다.

소셜 미디어에서는 전월 대비 브랜드에 대한 긍정적 언급이 14퍼센트 늘었고, 검색량은 전주 대비 7배로 치솟으며 2008년 이후 최고치를 기록했습니다.

소비자 반응도 즉각적이었습니다. 12월 보울 경기 기간 중 구매 의사는 평소보다 2.5배 높아졌고, 경기 다음 주 매출은 3퍼센트 상승했습니다. 2023년 마지막 주에는 카테고리 점유율 최고치를 달성했고, 2024년 1분기 내내 주간 6퍼센트씩 꾸준한 성장을 이어 갔습니다. 보울 경기 이후 8주 동안은 경기 전 동기 대비 2100만 개 이상의 팝타르트를 추가로 판매했습니다.

칸의 심사 위원

하나의 캠페인이 칸 라이언즈에서 부문별로 상반된 결과를 거두는 이유는 부문 성격의 차이 때문만은 아닙니다. 심사 위원단의 구성 역시 영향을 미칩니다. 대륙별 인원 비중에 따라 출품작의 문화적 맥락을 이해하는 정도나 선호도가 달라질 수밖에 없습니다. 따라서 우리를 잘 이해해 주고 편이 되어 줄 수 있는 심사 위원들이 많이 포함되는 것이 중요합니다.

"칸 라이언즈에서 심사 위원이 되는 가장 좋은 방법은 스스로 수상자가 되거나, 칸에 출품을 많이 하는 '칸에 미친 나라(Cannes-crazy country)'에 사는 것입니다." 2013년 6월 칸 라이언즈 개막을 앞두고, 당시 칸 라이언즈 CEO였던 필립 토마스(Philip Thomas, 현 회장)가 한 말입니다. 칸 심사 위원 선정에는 '수상'과 '출품'이 중요한 요소라는 것이죠.

칸 라이언즈가 심사 위원단을 꾸릴 때 가장 먼저 하는 일은 각 부문에서 최근 3년간의 출품작과 수상작 수를 집계해 국가별 심사 위원 수를 정하는 것입니다. 전체 심사 위원을 한 번에 모두 배정하는 것은 아닙니다. 2024년 본심 심사 위원(Awarding Jury) 300명 중에서 약 90명이 글로벌 또는 대륙 단위로 배정된 것을 보면, 전체의 30퍼센트 정도를 남겨 두고 배정한다고 볼 수 있습니다. 신설 부문에는 지난 3년간의 출품과 수상 데이터가 없으니 이 원칙을 적용할 수 없습니다. 그래서 칸 라이언즈 측이 의도에 따라 심사 위원단 전체 구성을 조정할 수 있는 재량권을 확보하는 방편이 되기도 합니다.

수상 실적은 충분하지 않아도 출품을 많이 하는 국가에 심사 위원을 할당하는 '와일드카드'도 있습니다. 칸 라이언즈의 발표에 따르면 2024년에는 아르메니아, 가나, 파키스탄, 파나마가 처음으로 심사 위원을 배출했습니다. 와일드카드가 4장이라고 짐작할 수 있습니다. 대한민국 역시 금사자상 수상이 없던 시절에는 와일드카드로 심사 위원을 배정받은 적이 있습니다.

  각 국가에 심사 위원 자리가 배정되면, 해당 국가의 대표부(Representative)는 자리당 3명씩 후보를 추천합니다. 후보 3명은 서로 다른 조직에 소속되어 있어야 하고, 최소 한 명 이상은 여성이어야 한다는 조건도 있습니다. 이 외에도 다양한 경로를 통해 후보 추천이 이루어집니다. 이렇게 모인 여러 후보 가운데 최종 심사 위원을 선정하는 과정은 필연적으로 복잡하고 신중할 수밖에 없습니다. 지주 회사별, 네트워크별, 대행사별로 균형을 맞춰야 하고, 하나의 결정이 다른 결정에 영향을 미칠 수밖에 없으니 더욱 그렇습니다.

  마침내 심사 위원으로 선정되면 '가문의 영광'이라 불릴 만큼 큰 영예로 받아들여집니다. 칸 라이언즈 수상만큼이나 커리어에 중요한 이력이 되기 때문입니다. 토마스 회장은 말합니다. "그 주에 출산이 예정되어 있거나, 가족이 사망한 경우를 제외하고는 누구도 거절한 적이 없다." 그의 자신감이 과장은 아닙니다.

유머:

공유하게 만드는
크리에이티브

경쟁할 필요가 없는 크리에이티브

오랫동안 TV 광고를 주로 만들다가 디지털 광고를 만들게 된 크리에이티브 디렉터가 일의 변화를 두고 이런 이야기를 하더군요. 예전에는 보고 싶게 만들어야 했다면, 이제는 공유하고 싶게 만들어야 한다는 것입니다.

공유하게 하려면 어떻게 만들어야 할까요? 여기에 만드는 이들의 고민이 있습니다. 뚜렷한 정답을 내리기 어려운 문제이기도 합니다. 그런데 2024년 칸 라이언즈의 세미나에서 SNL 배우이자 코미디언인 케넌 톰슨(Kenan Thompson)이 흥미로운 실마리를 던졌습니다. 그는 "재미가 있다면 굳이 관심을 끌기 위해 경쟁할 필요가 없다"면서 사람들은 그것을 "찾아낼 뿐 아니라 스스로 퍼뜨릴 것"이라고 말했습니다.

주변에서 공유되는 콘텐츠를 살펴보세요. 전부는 아니지만 상당수가 재미있는 것들입니다. 저 역시 아내가 종종 보내 주는 쇼츠 대부분이 재미있는 영상이었다는 것을 떠올리며 그의 말에 고개를 끄덕였습니다.

하지만 많은 브랜드가 여전히 유머를 활용한 커뮤니케이션에 적극적이지는 않습니다. 가볍게 보이기보다

진중하게 보이고 싶어 하는 경우가 많기 때문일 겁니다. 퍼블리시스 런던의 CCO 노엘 번팅(Noel Bunting)은 칸 세미나에서 흥미로운 수치를 제시했습니다. 비즈니스 리더의 95퍼센트가 유머 사용을 두려워하지만, 실제로 브랜드가 유머를 활용하면 소비자가 그 브랜드를 다시 구매할 가능성이 80퍼센트 높아지고, 경쟁사보다 해당 브랜드를 선택할 가능성이 72퍼센트 커지며, 63퍼센트는 해당 브랜드에 더 많은 지출을 한다는 것입니다. 브랜드가 두려움을 내려놓고 유머에 조금 더 마음을 연다면, 사람들의 마음을 사로잡을 가능성이 커질 수 있다는 이야기입니다.

   칸 세미나에서뿐만 아니라 수상작들 역시 유머가 중요한 요소임을 보여 줬습니다. 2024년 칸 라이언즈 첫날 시상식을 마치고 계단을 내려오면서 머릿속에 떠오른 생각은 '올해는 유머가 정말 많네!'라는 것이었습니다. 크리에이티브 트렌드를 논할 때 유머는 늘 단골 키워드 중 하나였으니, 전혀 낯선 일은 아닙니다. 다만 팬데믹 시기를 거치며 감동과 응원에 무게가 실리던 분위기에서 변화가 일어나고 있는 것 같아서 반가웠고, 조금은 감격스럽기까지 했습니다.

   칸 라이언즈의 2024년 공식 리포트 역시 유머에 주목했습니다. '인사이트와 트렌드' 파트에서 가장 먼저 다룬 키워드가 바로 '코미디의 귀환(Comedy's comeback)'이었습니다. 또한 2024년부터 각 부문의 문화 및 콘텍스트 섹션에 추가된 '유머 활용' 카테고리에서는 출품 대비 수상률이 4퍼센트로 집계됐습니다. 전체 평균 수상률이 3.1퍼센트였으니 평균을 크게 상회했죠. 심사 위원들이 유머를 활용한 크리에이티브에 더 주목했고, 더 좋은 평가를 내린 겁니다.

그런데 유머를 활용하는 방식은 문화권마다 확연히 다릅니다. 유머 광고로 유명한 태국 광고는 비현실적인 상황이나 캐릭터를 잘 활용합니다. 이마에 눈이 달린 사람, 목뒤에 입이 난 사람, 인형 탈을 쓴 바퀴벌레 캐릭터 같은 설정이 대표적입니다. 그런 상황에서 극적인 과장을 통해 웃음을 끌어내는 데 탁월합니다.

미국의 유머 광고에는 기묘한 설정이 종종 보입니다. 낫코(NotCo)의 '마요네즈 혐오자들(Mayo Haters)' 캠페인에는 마요네즈를 싫어하는 사람들이 등장해 제품을 맛보고 뱉거나, 심지어 구역질까지 합니다. 식품 브랜드가 자사의 제품을 맛있게 먹는 모습이 아니라 뱉어 버리는 장면으로 알린다는 건 상식적으로 쉽게 떠올리기 어려운 방식입니다. 그런데도 이들은 역설적인 상황을 유머러스하게 풀어내며 성공적인 캠페인을 만들어 냈습니다.

낫코의 '마요네즈 혐오자들'

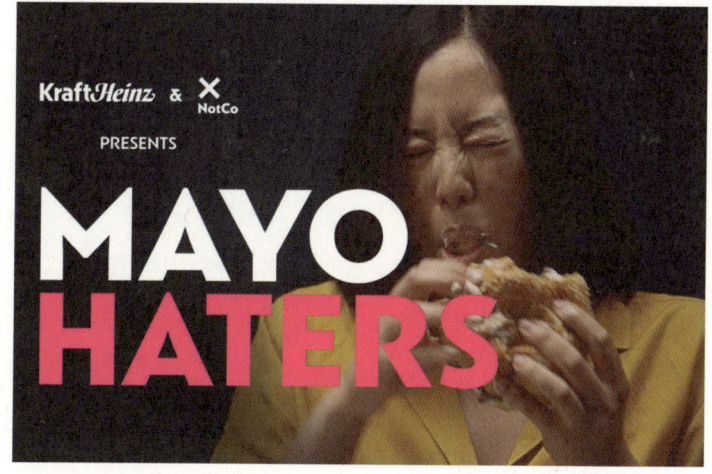

배경

플렉시테리언(Flexitarian, 유연한 채식주의자)은 일반적으로 식물성 식단을 시도하긴 하지만, 굳이 식물성 마요네즈까지 선택할 필요는 없다고 여깁니다. 동물성 마요네즈보다 맛이 떨어질 것이라고 믿기 때문입니다. 게다가 마요네즈 소비자는 브랜드 충성도가 높은 편인데, '헬만스 비건(Hellmann's Vegan)'처럼 이름값이 있는 브랜드가 이미 최상위 선택지를 차지하고 있습니다.

낫마요(NotMayo)는 혼잡한 시장에서 가장 유명한 브랜드와 경쟁해야 하는 어려운 처지에 놓였습니다. 맛이 최우선 기준인 시장에서, 이 식물성 마요네즈가 플렉시테리언에게도 최고의 선택지로 자리매김하도록 만들어야 했습니다. 상황은 절망적으로 보였지만, 한 가지 희망이 있었습니다. 블라인드 테스트에서 참가자의 77퍼센트가 낫마요를 '식물성이든 아니든 맛있는 마요네즈'라고 평가한 것입니다. 제품의 맛은 이미 증명됐고, 이제 남은 과제는 회의적인 소비자와 의심 많은 이들을 설득하는 것이었습니다.

아이디어

'마요네즈 혐오자들' 캠페인의 목적은 전통적인 마요네즈에 대한 반감을 역이용해, 식물성 대체품인 낫마요가 얼마나 유사한 맛을 내는지 맛 테스트로 입증하는 것이었습니다. 미국 온라인 커뮤니티 레딧(Reddit)에서 마요네즈를 싫어하는 것으로 유명한 커뮤니티를 통해 참가자를 모집했고,

이들에게 낫마요로 만든 다양한 음식을 맛보게 하며 반응을 촬영했습니다.

참가자들은 일반 마요네즈를 먹은 것처럼 싫어했는데, 그것이 낫마요였다는 사실을 전해 듣고는 놀라워했습니다. 이 과정을 통해 낫마요가 기존 마요네즈와 얼마나 유사한지 강조하고, 브랜드 인지도를 높이고자 했습니다. 메시지는 단순합니다. 마요네즈를 싫어한다면 낫마요도 싫어할 것이다. 즉, 마요네즈를 좋아한다면 낫마요도 분명히 좋아할 것이라는 뜻입니다.

전략

이 캠페인은 동물성 제품도 가끔 즐기지만 식물성 대체 식품에도 개방적인 플렉시테리언을 타깃으로 했습니다. 이들은 대체로 식물성 제품은 진짜보다 못하다는 인식을 갖고 있는데, 특히 소스류에서는 그 차이가 더 큽니다. 그러나 낫마요는 실제 마요네즈와 거의 구분되지 않을 만큼 비슷한 맛을 내는 몇 안 되는 제품이었고, 이를 증명하는 것이 과제였습니다.

'진짜와 똑같다'라는 메시지를 앞세운 과장된 마케팅이 흔한 상황에서, 낫마요는 역발상을 택했습니다.

스스로 제품의 우수함을 주장하기보다, 마요네즈를 혐오하는 사람들이 낫마요를 맛보고 느낀 거부감을 통해 진짜와 얼마나 흡사한지를 증명하고자 했습니다.

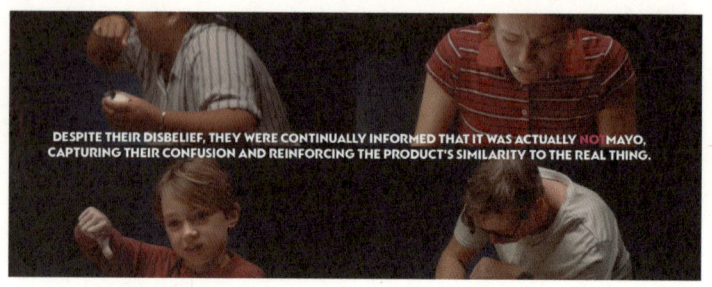

실행

레딧의 마요네즈 혐오 커뮤니티에 "새로운 제품을 시식해 보라"는 모집 글을 올렸습니다. 이렇게 모인 참가자들은 마요네즈라고 생각한 제품을 먹고, 그것이 낫마요였다는 사실을 알게 되는 과정을 겪었습니다. 그들의 진심 어린 반응을 영상으로 담아 온라인 콘텐츠로 제작했습니다. 마요네즈 혐오 커뮤니티와 음식 관련 커뮤니티에서 큰 화제를 모았습니다. 인플루언서 협업과 자발적 공유가 더해지면서 캠페인은 빠르게 확산했습니다. 덕분에 낫마요를 시장에 강렬하게 각인시킬 수 있었습니다.

성과

이 캠페인의 목표는 명확했습니다. 낫마요가 다른 식물성 제품과 달리 진짜 마요네즈와 얼마나 똑같은지를 증명하는 것이었습니다. 마요네즈 혐오자들이 괴로워하는 모습을 통해 그 메시지를 완벽하게 전달했습니다.

결과는 인상적이었습니다. 콘텐츠에 대한 긍정적 반응은 78퍼센트에 달했고, 구매 의향은 14퍼센트 증가했습니다. 브랜드 신뢰도는 96퍼센트 상승했습니다. 마요네즈 혐오자 중 99.2퍼센트가 낫마요를 혐오했습니다(0.8퍼센트는 좋아함). 결론은 이렇습니다. 마요네즈를 싫어한다면 낫마요도 싫어할 것입니다. 그러나 마요네즈를 좋아한다면 낫마요를 사랑하게 될 것입니다.

칸의 프로그램

칸 라이언즈에서 열리는 약 250개의 프로그램 가운데 참석할 만한 것들을 추천해 달라는 요청을 종종 받습니다. 유명 인사가 나오거나, 일반적으로 인기가 높을 만한 프로그램을 추천해 드리기도 합니다. 하지만 가장 후회 없는 선택은 자신이 안고 있는 고민과 관심 있는 분야를 직접 찾아보는 것입니다.

　　　칸은 전체 프로그램을 5개의 콘텐츠 스트림(Content Streams)으로 구분합니다. 이 분류는 칸이 다양한 콘텐츠를 균형 있게 유치하고 구성하는 데 효과적으로 활용됩니다. 동시에 참석자들에게는 자신에게 맞는 프로그램을 효율적으로 선택하는 기준이 되기도 합니다.

　　　업계를 앞으로 나아가게 하는 전략적 도전, 소비자 행동, 문화적 변화, 창의적 사고를 탐구하는 '인사이트 & 트렌드(Insight & Trends)', 미래를 만들어 가는 선구자와 기술, 그리고 변화를 다루는 '이노베이션 풀어 보기(Innovation Unwrapped)', 뛰어난 크리에이티브를 실현하기 위한 장인 정신과 프로세스, 기법을 다루는 '크리에이티브 도구 상자(The Creativity Toolbox)', 창의적 조직이 발전하기 위해 필요한 인재와 문화, 실행 방안을 다루는 '인재 및 문화(Talent & Culture)', 마지막으로, 창의성의 가치와 효과를 입증하는 논의로 구성된 '크리에이티브의 영향력(Creative Impact)'이 5개의 콘텐츠 스트림입니다.

　　　자세히 들여다보면, 칸 라이언즈의 프로그램

분류는 크리에이티브에만 국한되지 않습니다. 물론 무게 중심이 크리에이티브에 있기는 하지만, 마케팅 효과, 인력과 문화, 기술 등 업계 전반의 주제를 폭넓게 다룹니다. 칸 라이언즈에서 말하는 '크리에이티브'란 광고 제작만을 뜻하지 않는다는 얘기입니다. 부서로 치면 제작 조직뿐 아니라 전략, 기획, 디지털, 연구, 인사 조직까지 모두 포괄한다고 할 수 있습니다.

칸의 무대에 서는 이들이 거창한 해답을 내놓는 것은 아닙니다. 오히려 우리 업계가 늘 안고 있는 고민과 똑같은 문제를 털어놓는 경우가 많습니다. 가끔은 별것 아닌 것 가지고 젠체하는 모습에 헛웃음이 나올 수도 있습니다. 하지만 중요한 것은, 우리가 각자의 영역에서 긴 호흡으로 그들과의 대화에 참여하고 다양한 주제를 함께 논의하는 일입니다. 그렇게 한다면 우리의 활동 영역은 더 넓어지고, 서로 더 많이 나누며 함께 성장해 갈 수 있을 겁니다.

경계:

낯설고 위험한 길로
들어설 용기

선을 넘어 셀렘을 만드는 게임 체인저

사람들은 색다른 것에 귀를 기울입니다. 이야기꾼은 색다른 이야기로 관심을 끌고 청자를 새로운 세계로 인도합니다. 듣는 사람이 시간 가는 줄 모르고 빠져들게 해야 합니다. 그래야 자신의 이야기를 충분히 전달할 수 있습니다. 그래서 크리에이티브는 언제나 색다름을 찾습니다. 남들이 하는 대로 하지 않고, 이전에 했던 대로 하지 않으려 합니다. 새로운 것으로 낯설고 설레는 경험을 만들어 내려 합니다.

사람들을 낯설게 하려면, 크리에이티브도 종종 낯선 길을 가야 합니다. 낯선 길이라고 해서 모두 설렘을 주는 것은 아닙니다. 그냥 낯설기만 한 것으로 끝날 수도 있습니다. 그만큼 위험이 따르는 길입니다. 하지만 그 길이 다른 곳에서는 볼 수 없는 멋진 풍경을 보여 줄 수 있다고 믿어야 합니다. 낯선 길을 가는 데는 용기가 필요합니다. 경계를 넘어 완전히 새로운 황무지로 들어설 수 있는 용기 말입니다.

좋은 크리에이티브를 이야기할 때는 매체별로 구분해서 말하곤 했습니다. 마치 크리에이티브의 길마다 뚜렷한 경계가 있는 것 같았습니다. 어워드에서도 이름만 조금씩 달랐을 뿐, TV, 인쇄, 옥외, 라디오를 구분해 부문명만으로 성격을 명확히 구분했습니다. '광고제'라는 이름이 어울렸던 시기였습니다.

하지만 광고 매체 환경이 복잡해지면서 기존의 매체 구분만으로는 설명하기 힘든 활동들이 많아졌습니다. 이제 매체별 부문이라는 그릇만으로는 크리에이티브를 담아내기 어려워졌습니다. 그래서 자연스럽게 그 경계를 뛰어넘는 새로운 부문들이 하나둘 생겨났습니다.

이름만으로는 무엇을 출품해야 할지 감이 오지 않는 부문들도 있습니다. 특정 어워드가 지향하는 방향이나 중점을 두는 가치를 드러내는 경우가 많습니다. 예컨대 매년 3월 태국 파타야에서 열리는 아시아-퍼시픽 지역 어워드인 애드페스트에는 '로터스 루트(Lotus Roots)'라는 부문이 있습니다. '문화, 종교, 신념, 전통, 언어, 통찰력 또는 맥락 측면에서 지역적 가치를 구현한 작품'을 선정하며, '각 지역 문화의 풍부한 유산과 가치를 보존하고 기념하는 작품'에 상을 수여합니다. 아시아의 다양한 문화를 반영하는 특색 있는 부문입니다.

칸 라이언즈에는 티타늄 부문이 있습니다. 이 부문은 이렇게 정의되어 있습니다.

"티타늄 부문에서는 '게임 체인저(Game

Changer)'를 선별합니다. 참가작은 브랜드 커뮤니케이션에서 새로운 영역을 개척해야 합니다. 즉, 업계에 새로운 방향을 제시하고 업계를 발전시키는, 도발적이고 경계를 허물고 부러움을 불러일으키는 작품이어야 합니다."

기존에 없던 완전히 새로운 무언가를 제시해야 합니다. 다른 이들이 부러워할 만해야 하고요. 그러니 티타늄 부문에서 수상하는 것은 그야말로 하늘의 별 따기입니다. 지금까지 대한민국의 수상작은 딱 두 개밖에 없습니다. 출품료도 다른 부문에 비해 두세 배 비쌉니다. 마감 차수에 따라 차이가 있지만 대략 한 건 출품하는 데만 300만 원 이상을 내야 합니다. 의미 없이 비용을 낭비하지 않으려면 출품 전에 정말 이 작품이 '게임 체인저'라고 자랑할 만한지 다시 한 번 생각해 봐야 합니다.

심사 위원들도 다른 부문보다 더 엄격하게 심사합니다. 칸 라이언즈의 출품작 수 대비 수상률은 보통 3.5퍼센트 내외인데, 티타늄 부문은 2퍼센트 정도밖에 되지 않습니다. 칸 라이언즈 전체에 약 2만 7000점 가까이 출품되었던 2024년에도 티타늄 부문의 출품작은 200점밖에 되지 않았고, 그중 달랑 4점만이 수상작으로 선정되었습니다.

그중 하나가 바로 엑스박스(Xbox)의 '일상의

전술가(The Everyday Tactician)'입니다. 축구 전략 게임 '풋볼 매니저'에서 탁월한 전술을 구사한 게이머를 실제 영국 하위 리그 구단 '브롬리 FC(Bromley FC)'의 전술가로 채용한 캠페인이었습니다. 자금이 넉넉하지 않은 브롬리 FC로서는 마다할 이유가 없었습니다. 실력은 미지수이지만 언감생심 꿈도 못 꾸던 전술가를 데려올 수 있었고, 엑스박스가 제작하는 다큐멘터리를 통해 구단을 노출할 수 있어서 홍보 효과도 거둘 수 있었으니까요.

그러나 더 달콤한 결과는 따로 있었습니다. 브롬리 FC가 구단 132년 역사상 처음으로 상위 리그에 진출하는 성과를 거둔 것입니다. 엑스박스는 이 과정을 통해 풋볼 매니저가 실전에서도 통할 만큼 정교하게 만들어진 게임이라는 것을 입증했습니다. 축구 게임과 영국 축구 리그, 서로 닿을 수 없을 것 같던 두 세계의 극적인 만남을 성사시킨 것입니다.

엑스박스의 '일상의 전술가'

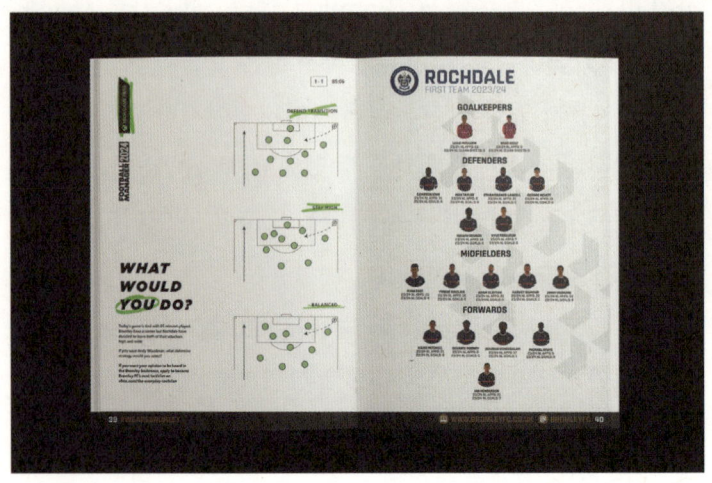

배경

게임 시장에서 가장 빠르게 성장하고 있는 콘솔 부분에서 엑스박스는 플레이스테이션(Playstation)과 경쟁하고 있습니다. 엑스박스의 게임 구독 서비스인 게임 패스(Game Pass)는 수백 개의 게임에 접근할 수 있는 '게임판 넷플릭스'입니다. 엑스박스 게임 패스는 2023년 11월 출시된 '풋볼 매니저 2024(Football Manager 2024, FM24)'의 플레이어 수를 늘리고, 엑스박스와 축구 게임과의 브랜드 연관성을 높이고 싶었습니다.

아이디어

풋볼 매니저는 가장 현실적인 축구 시뮬레이터입니다. 선수를 직접 조작하는 대신 팀 전체를 관리하는 방식의 게임입니다. 엑스박스 게임 패스는 영국 브롬리 FC와 손잡고 실제 축구 전술가 채용 공고를 냈습니다. 지원은 엑스박스의 FM24를 통해서만 할 수 있었습니다. 지원자는 자신이 이 자리에 적임자인 이유를 1분짜리 영상에 담아 제출해야 했습니다. 수백 명이 자신이 자격이 있다며 지원했고, 친구를 태그해 참여를 권유했습니다.

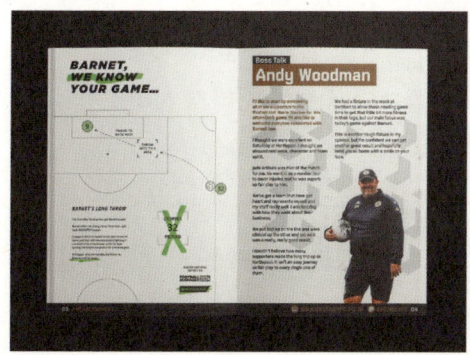

Examples of how Nathan Owolabi used data from Football Manager 24 to influence real-world tactics that have been implemented at Bromley FC.

실행

이 직책은 풋볼 매니저의 열렬한 팬이자 웸블리 스타디움 투어 가이드로 일하던 네이선 오월라비(Nathan Owolabi)에게 돌아갔습니다. 네이선은 게임에서 갈고닦은 기술과 경험을 현실 구단으로 가져와, 데이터를 기반으로 한 상대 분석과 전술 수립 업무를 맡았습니다. 게임 의자에서 축구장 벤치로 이어진 그의 여정은 영국 최대 스포츠 채널인 TNT에서 다큐멘터리로 제작되었습니다.

성과

새 전술가의 활약으로 브롬리 FC는 구단 역사상 최고의 성적을 거두었습니다. 리그 최고 순위, 최다 승점, 최소 패배를 기록했습니다. 성과는 게임에도 이어졌습니다. FM23 대비 FM24의 엑스박스 게이머 수는 190퍼센트 증가했고, 캠페인의 총 노출 수는 15억 회에 달했습니다. 그 결과 FM24는 역대 가장 많이 플레이된 풋볼 매니저 시리즈가 되었습니다. 브롬리 FC는 132년 역사상 처음으로 EFL로 승격했습니다. 게이머가 실제 축구의 판도를 바꿀 수 있다는 것을 증명했습니다. 동시에, 인재를 영입하는 새로운 방식을 제시했습니다.

게임 체인저를 위한 티타늄 부문

칸 라이언즈의 티타늄 부문은 성격만 특별한 것이 아닙니다. 탄생 과정 자체가 특별한 이야기입니다. 이 과정을 들여다보면, 칸이 어떻게 시대 변화에 맞춰 부문을 조정하는지 이해할 수 있습니다.

2002년 칸 라이언즈에 출품된 BMW의 '더 하이어(The Hire)'는 광고계의 시선을 단번에 사로잡았습니다. 리들리 스콧(Ridley Scott), 데이비드 핀처(David Fincher) 등 세계적인 감독들이 참여해 제작한 웹 전용 단편 영화 8편 시리즈였습니다. 웹을 활용한 바이럴 마케팅과 브랜디드 콘텐츠의 대표적인 초기 사례입니다. 당시 가장 영향력 있는 캠페인으로 회자되었습니다. 한국에서도 새로운 크리에이티브를 이야기할 때 빠지지 않고 언급되는 사례였죠.

결과는 당연했습니다. 그해 칸에서 그랑프리를 수상했습니다. 하지만 사이버 부문만으로는 이 캠페인을 담기에 너무 작아 보였습니다. 전통 매체 중심의 필름, 인쇄 및 옥외, 라디오 부문에는 담을 수 없었습니다. 미디어 변화에 따라 신설된 미디어 부문이나 다이렉트 부문으로도 부족했습니다. 새로운 종류의 '게임 체인저'를 인정할 새로운 개념의 부문이 필요했습니다.

이때 와이든 앤 케네디(Wieden+Kennedy)의 공동 창립자이자 'Just Do It' 슬로건으로 유명한 댄 와이든(Dan Wieden)이 새로운 부문을 제안했습니다. 광고와 마케팅 분야에서 획기적이고 혁신적인 개념에 시상하는 겁니다. 바로 티타늄 부문입니다. 2003년 도입 이후 이 부문은 다른 부문과 달리 금·은·동을 구분하지 않고 단 하나, '티타늄 상(Titanium Lion)'만을 시상하고 있습니다.

칸은 각 부문의 상위별로 점수를 부여하고 이를 합산해 '올해의 광고 회사', '올해의 네트워크' 같은 특별상을 시상합니다. 티타늄 상의 점수는 다른 부문의 그랑프리와 같고, 티타늄 부문의 그랑프리는 칸 라이언즈의 상 중에서 가장 높은 점수를 받게 됩니다. 이름 그대로 '게임 체인저'에 걸맞은 대우입니다.

부문 탄생 20주년이자 창립자 댄 와이든이 세상을 떠난 이듬해인 2023년, 칸 라이언즈는 그를 기리기 위해 부문 명칭을 '댄 와이든 티타늄 라이언(The Dan Wieden Titanium Lions)'으로 바꿨습니다.

업계에서 새로운 요구가 생기면 칸은 그것을 담을

그릇을 마련합니다. 그러니 어느 부문을 노려야 유리할지 따질 필요가 없습니다. 내 크리에이티브가 어떤 틀에 맞을지 걱정할 이유도 없습니다. 그저 크리에이티브를 맘껏 펼치기만 하면 됩니다. 그러면 칸은 따라옵니다. 좋은 크리에이티브에는 경계가 없습니다.

뚝심:

시리즈를 이어 가는
 아이디어

뚝심 있는 크리에이티브

오래전 불패 신화로 명성을 떨치던 선배 광고인에게 며칠간 교육을 받을 기회가 있었습니다. 그 선배가 교육 중에 했던 이야기가 한동안 저에게 깊이 각인되어 있었습니다. "진짜 좋은 아이디어는 끊임없이 시리즈를 만들어 낼 수 있는 아이디어다." 당시 시장을 흔들던 광고들은 정말 대부분이 시리즈 광고였습니다.

      몇 달간 몰아붙이는 시리즈에서 한 걸음 더 나아가 오랜 시간 변주를 이어 가는 크리에이티브는 더 대단해 보입니다. 하나의 콘셉트에서 출발한 변주가 오랜 기간 지속되면서 브랜드의 중요한 자산이 되기도 하니까요.

      우리나라에서도 오래 기억되는 장기 캠페인들이 있습니다. 다시다의 '고향의 맛', 오리온 초코파이의 '정' 캠페인이 대표적입니다. 삼성전자의 '또 하나의 가족' 캠페인도 소비자에게 기업을 친근하게 만들어 준 장기 캠페인으로 남아 있습니다.

      장기 캠페인은 이어받는 사람에게는 쉽지 않은 과제입니다. 앞선 이들이 구축한 틀 안으로 크리에이티브의 폭이 제한될 수 있기 때문입니다. 영화계에 "본편보다 나은 속편은 없다"라는 불문율이 있듯, 광고에서도 성공적인 전편의 성과를 뛰어넘기가 어렵습니다. 더구나 변화의 속도와 폭이 갈수록 커지는 요즘 세상에서 언제나 새로운 것을 기대하는 시선을 외면하기도 힘듭니다. 본질적으로 틀을 깨뜨리려 하는 크리에이티브의 속성상 갑갑하기 그지없는 일이 됩니다.

그러나 장기적으로 브랜드의 정체성을 구축하려면 결국 뚝심 있는 크리에이티브가 한몫을 해줘야 합니다. 브랜드가 소비자와 지속적으로 좋은 관계를 맺고 지속 가능하기 위해서는, 어느 정도의 갑갑함을 감수해야 합니다. 그래야 세월이 흘러도 기억에 남는 크리에이티브가 만들어집니다.

대표적인 사례가 P&G의 세탁 세제 에리얼(Ariel)입니다. 인도 시장에서 에리얼은 꾸준히 양성평등의 메시지를 전하며 브랜드 파워를 키워 왔습니다. 2024년 칸 라이언즈에 출품된 '조용한 별거의 징후를 확인하세요. #ShareTheLoad(See the Signs of Silent Separation #ShareTheLoad)'는 2015년에 시작된 #ShareTheLoad 캠페인의 여섯 번째 변주였습니다.

P&G의 '조용한 별거의 징후를 확인하세요'

2015년 첫 캠페인은 두 할머니의 수다로 시작됩니다. 한 할머니가 화면 뒤편에서 분주히 일하는 며느리를 자랑합니다. 좋은 직장에 높은 월급까지 받으니 여성들에게 참 좋은 시대라고 이야기합니다. 그때 아들이 등장해 아내에게 묻습니다. 세탁해 둔 녹색 셔츠가 어디 있느냐고요. 두 할머니는 자기 옷도 제대로 챙기지 못하고 아내에게 의존하는 아들을 곱지 않게 바라봅니다. 이어 화면에 질문이 뜹니다. "빨래는 여성만의 일인가요?"

두 번째 이야기는 결혼한 딸의 집을 방문했던 아버지가 보내는 편지 이야기입니다. 딸은 어린 아들과 온갖 집안일을 챙기느라 정신이 없는데, 사위는 소파에 앉아 딸이 챙겨 주는 차를 마시면서 셔츠를 세탁해 달라고 합니다.

아버지는 딸이 소꿉놀이할 때부터 집안일을 나눠서 하도록 가르치지 못했던 것을 후회하고, 마찬가지였을 사위의 아버지와 모든 아버지를 대신해 사과합니다. 최소한 빨래 정도는 나눠서 하겠다는 다짐도 하죠.

　　세 번째 에피소드는 직장을 그만두겠다는 딸과 엄마의 통화로 시작됩니다. 가사와 일을 병행하기 벅차다는 딸에게 엄마는 "사위가 있으니 함께 나누면 되지 않느냐"고 말합니다. 그러나 외출 준비를 마친 아들이 사방에 어질러 놓은 빨랫감을 보고 엄마는 깨닫습니다. 아들에게조차 집안일을 가르치지 않았다는 사실을요. 이제 잘못을 바로잡아야 할 때라며 아들에게 빨래 바구니를 안겨 줍니다.
　　2020년과 2023년의 캠페인은 데이터에서 출발합니다. 조사에 따르면, 과도한 가사 노동 때문에 인도 여성의 71퍼센트가 남성보다 잠을 덜 자고 있었습니다.

화면에는 집안일로 분주한 엄마, 이를 지켜보는 어린 딸의
시선이 이어집니다. 엄마는 잠자리에 들었다가도 다시 일어나
집안일을 합니다. 옆자리가 허전해져 눈을 뜬 딸은 아빠를
깨워 엄마를 찾습니다. 세탁기 앞에서 빨랫감을 넣다가 깜빡
잠이 든 엄마를 발견합니다.

지속적인 가사 불평등이 부부 관계에 영향을
미친다고 여기는 여성이 81퍼센트에 달한다는 통계가
있습니다. 이 통계에서 출발한 캠페인은 오랜만에 나이 든
부모와 함께 영화를 보러 가려는 딸의 이야기를 담습니다.
나서려는 딸에게 엄마는 할 일이 많다며 아빠와 둘이
다녀오라고 합니다. 극장으로 향하는 차 안에서 딸은
아빠에게 진지하게 이야기합니다. 이미 엄마와 아빠 사이에는
거리가 생겼다며, 지금은 '조용한 별거' 상태라고 말이죠.
상황을 깨달은 아빠는 안타까워하며 영화는 다음으로

미루자고 합니다. 다음 날 아침, 아내는 세탁기 돌아가는 소리에 눈을 뜹니다. 깜짝 놀라 몸을 일으키는데, 남편이 차를 챙겨 줍니다. 다시 시작하자는 애원과 함께 말이죠.

   이 장기 캠페인의 칸 라이언즈 수상 기록은 화려합니다. 2015년부터 2년 연속 글라스(Glass) 부문에서 수상했고, 2016년, 2017년, 2022년에는 5개 부문에서 금사자상 1개, 은사자상 1개, 동사자상 4개를 거머쥐었습니다. 2024년에는 스파이크 아시아에서 금상 1개와 동상 2개, 애드페스트에서는 은상과 동상을 수상했습니다.

   인도 영화들이 그렇듯 인도 광고들은 종종 감성 과잉이라는 평가를 받습니다. 이 캠페인들도 그런 느낌이 없지 않지만, 상황이나 스토리가 우리의 일상을 돌아보게 만듭니다. 나는 집안일을 얼마나 나눠서 하고 있는지 말이죠. 도와주는 것이 아니라 내가 해야 할 몫을 제대로 하고 있는지 생각하게 합니다. 그리고 이야기는 결국 제품과 브랜드로 향합니다.

   인도라는 사회에서 논란이 될 만한 메시지를 감성적인 영상으로 자연스럽게 풀어낸 용기와 실력에 박수를 보내고 싶습니다. 그러나 그보다 더 큰 박수를 보내고 싶은 것은, 한 방향을 바라보며 구체적이고 단단하게 메시지를 만들어 온 뚝심입니다. 소개해 드린 시리즈 이후에도 이 캠페인은 여전히 이어지고 있습니다.

장기 전략은 도전과 혁신

장기 캠페인은 실제로 브랜드 파워를 키우는 데 큰 역할을 합니다. 그런데도 국제 어워드에서는 제대로 평가받지 못한다고 생각하기 쉽습니다. 하지만 주요 어워드에는 이미 장기 캠페인을 위한 별도 카테고리가 마련되어 있습니다. 칸 라이언즈와 스파이크 아시아에는 크리에이티브 전략(Creative Strategy) 부문에 '장기 전략(Long-term Strategy)' 카테고리가 있습니다.

칸 라이언즈에 크리에이티브 전략 부문이 신설된 것은 2019년입니다. 스파이크 아시아는 조금 늦은 2021년이었습니다. 그리 오래되지는 않았죠. 이 부문은 크리에이티브 효과(Creative Effectiveness) 부문과 함께 '전략(Strategy)' 트랙에 속해 있습니다.

부문의 설명은 이렇게 되어 있습니다. "매력적이고 크리에이티브한 전략을 이끌어 낸 비즈니스·브랜드 과제에 대한 탁월한 해석, 획기적인 사고, 혁신적인 문제 해결에 시상한다." 평가 비중은 비즈니스 및 브랜드 과제에 대한 해석 30퍼센트, 획기적 인사이트 30퍼센트, 크리에이티브 아이디어 20퍼센트, 성과 및 결과 20퍼센트로 구성되어 있습니다. 트랙의 성격에 맞게 전략적인 측면에 무게 중심이 있습니다.

흥미로운 점은 이 부문의 하위 구조입니다. 총 5개 섹션 가운데 장기 전략 카테고리는 '도전과 혁신(Challenges & Breakthroughs)'에 속해 있습니다. 장기 전략을 꾸준히 실행해 나가는 일을 단순 반복이 아니라 끊임없는 도전의 연속임을 인정해 주는 듯해 살짝 감동스럽기까지 합니다.

장기 전략 카테고리는 '장기적인 전략이 브랜드의 목적 달성, 참여 유도, 아이덴티티 형성에 어떻게 중요한 역할을 했는가'를 평가합니다. 다시 말해, 크리에이티브를 끌어낸 탁월한 전략, 그리고 이를 통해 장기적인 브랜드의 목표를 달성한 캠페인에 수상의 자격이 주어집니다.

맥락:

문화와 맥락을 이해하는
커뮤니케이션

이해 넘어 공감

효과적인 커뮤니케이션은 단순히 멋진 메시지를 만드는 데서 끝나지 않습니다. 그 메시지를 누구에게, 어떤 상황에서 전달하느냐에 따라 효과는 크게 달라집니다. 메시지를 잘 전달하려면 먼저 대상이 되는 사람들의 문화와 맥락을 충분히 이해해야 합니다.

흔히 언어를 배운다는 것은 언어뿐만 아니라 그 언어가 담고 있는 문화까지 함께 배우는 것이라고 합니다. 커뮤니케이션이란 내용을 전달하는 행위를 넘어, 사고방식, 가치관, 감정 표현까지 함께 담아내는 것입니다. 메시지를 설계하고 전달하는 데 있어 문화에 대한 이해는 선택이 아니라 필수입니다.

특히 마케팅 커뮤니케이션에서는 문화와 맥락을 고려하는 일이 갈수록 중요해지고 있습니다. 같은 메시지라 해도 나라와 지역에 따라 다르게 받아들여질 수 있습니다. 특정 문화와 정서, 시대적 분위기를 세심하게 반영한 메시지는 소비자의 마음에 더 깊이 스며들고 오래 기억됩니다. 단순한 '이해'를 넘어 진정한 '공감'을 불러일으키기 때문입니다.

글로벌 캠페인을 기획할 때는 여러 시장의 평균에 맞추는 보편적 접근보다, 특정 시장에 꼭 맞춘 이야기와 표현이 훨씬 더 효과적입니다. 그 나라 또는 지역 사람들이 평소 쓰는 말투, 익숙한 감정선, 사회적으로 공감되는 이슈를 반영한 메시지가 강력한 힘을 발휘합니다. 이는 지역 브랜드가 커뮤니케이션에서 더 자신감을 가질 수 있는 이유이기도 합니다. 지역 브랜드야말로 그 시장을 가장 잘 알고, 소비자와 가장 가까운 거리에서 호흡할 수 있으니까요.

도전자 브랜드는 맥락 기반 접근을 통해 더 솔직하고 공감 가는 메시지를 만들 수 있습니다. '도전자'라는 위치 자체가 이미 진정성 있는 이야기의 출발점이 됩니다. 완벽함보다 솔직함, 안정감보다 열정과 도전 정신이 소비자에게 더 매력적으로 다가갑니다. 도전자의 이야기는 그 자체로 서사가 되고, 소비자는 그 여정에 함께 참여하는 느낌을 받을 수 있습니다.

결국 중요한 것은 시장과 사람들의 맥락 안에서 이야기하는 것입니다. 문화와 정서를 제대로 이해하고 그에 맞춰 설계된 크리에이티브는 자연스럽게 사람들의 삶과 감정에 스며듭니다. 그렇게 만들어진 메시지는 오래 기억되고, 브랜드에 대한 긍정적 이미지를 쌓는 데 큰 도움이 됩니다. 문화와 맥락을 꿰뚫는 크리에이티브는 사람들의 마음을 움직이고 시장의 판도를 바꿉니다.

2024년 칸 라이언즈에서 하이네켄(Heineken)의 '펍 박물관(Pub Museum)' 캠페인은 각 부문의 '문화 및 맥락(Culture & Context)' 섹션을 집중적으로 공략했습니다. 이 섹션에서만 금사자상 2개(옥외 부문, 다이렉트 부문), 은사자상 1개(오디오 및 라디오 부문), 숏리스트 5개의 성과를 거뒀습니다. 특히 금사자상과 은사자상은 모두 '단일 시장 캠페인(Single-Market Campaign)' 카테고리에서 수상했습니다. 이 캠페인은 아일랜드 시장을 타깃으로 했는데, 그 단일 시장에 미친 영향력이 크다고 인정받은 것입니다.

반면, 함께 출품한 '기업 목적 및 사회적 책임(Corporate Purpose & Social Responsibility)' 카테고리에서는 모두 본상을 받지 못했습니다. 여러 부문의 심사 위원들이 이 캠페인을 기업의 사회적 책임 실현 사례로 보기보다는, 단일 시장을 겨냥한 크리에이티브로 더 높이 평가했다는 뜻입니다. 아일랜드라는 단일 시장의 문화와 제도에 딱 맞게 구성되었고 좋은 결과를 만들어 냈다고 본 것이죠.

하이네켄의 '펍 박물관'

배경

세계에서 가장 오래된 펍들이 문을 닫고 있습니다. 운영비 상승, 세금 인상, 인플레이션의 여파로 아일랜드 펍 네 곳 중 한 곳이 폐업했고, 해마다 평균 150곳이 사라지고 있습니다. 하이네켄의 브랜드 미션은 사람들이 더 풍요로운 사회적 삶을 즐길 수 있도록 돕는 것입니다. 그러나 아일랜드의 역사적인 펍들이 잇따라 폐업하면서, 사람들이 유서 깊은 공간에서 사회적 삶을 누리기 어려워졌습니다. 하이네켄은 미래 세대를 위해 소중한 문화유산을 지켜 내고자 했습니다.

아이디어

아일랜드 문화유산위원회(Irish Heritage Council)는 대중에게 공개되는 역사적으로 중요한 장소들에 대해 보호 지위와 세금 지원, 기타 재정적 혜택을 제공합니다. 하이네켄은 이 제도를 활용해 역사적인 아일랜드 펍들을 '가상 박물관'으로 전환했습니다. 사람들이 펍을 방문해 풍부한 과거를 체험하고, 이를 통해 미래를 지키도록 한 것입니다.

하이네켄은 펍 주인들이 직접 자신의 펍을 박물관으로 전환할 수 있도록 온라인 튜토리얼을 제작해 아일랜드 전역과 전 세계의 다른 펍들도 혜택을 받을 수 있도록 했습니다. '펍 박물관'은 경제적으로 어려운 시기에 역사적 펍들이 자신을 지켜낼 수 있는 수단이 되었고, 아일랜드의 유서 깊은 펍들을 유네스코 세계문화유산으로 등재하려는 움직임에도 힘을 보탰습니다.

전략

문화유산위원회가 보호 지위를 부여하는 장소는 박물관처럼 공공에 개방되어 있어야 합니다. 하이네켄은 역사적 펍들을 가상 박물관으로 전환해 이 요건을 충족시켰습니다. 캠페인의 핵심 메시지는 명확했습니다. "과거를 방문해 미래를 지키세요(Visit the past to help preserve the future)."

이 캠페인은 지역 사회와 아일랜드 언론을 주요 타깃으로 삼아 개별 펍에 대한 관심을 높이는 동시에, 아일랜드 전역의 펍들이 직면한 위기를 널리 알렸습니다. 더 나아가 해외 펍들도 자국에서 자신들을 보호할 수 있는 방법을 찾을 수 있도록 했습니다.

초기 '가상 펍 박물관' 경험은 아일랜드 일부 펍에서 시작되었고, 맥주 코스터, 입구 표지판, 보도 자료, 론칭 영상, 펍 주인을 위한 튜토리얼 등 다양한 방식으로 홍보가 이루어졌습니다.

실행

아일랜드 전역의 펍들이 하나둘 가상 박물관으로 탈바꿈했습니다. 증강 현실(AR)을 활용해 펍 내부의 물건들을 3D 유물로 재현하고, 오디오 가이드를 곁들였습니다. 이를 통해 펍들은 실제 박물관 인증 절차를 시작할 수 있게 되었습니다. 방문객은 펍 입구의 QR 코드를 스캔해 체험을 시작하고, 내부에서 역사적인 물건들과 상호 작용하며 AR 경험을 즐길 수 있었습니다. 또 가상 기념품을 구매해 펍을 재정적으로 지원할 수도 있었습니다.

하이네켄은 온라인 튜토리얼도 제작해 전 세계의 펍들이 자발적으로 박물관 등록 과정을 배울 수 있도록 했습니다. 론칭 이벤트는 더블린의 가장 오래된 펍 중 하나인 '토너스(Toners)'에서 열렸고, 주요 인사들과 언론이 직접 가상 투어를 체험했습니다. 이후 경험은 아일랜드 전역으로 확대되었고, 애슬론의 '숀스 바(Sean's Bar)', 리머릭의 '마더 맥스(Mother Macs)' 같은 펍들도 참여했습니다.

성과

펍 박물관 프로젝트는 경제적 어려움에 직면한 펍들에 자신을 지킬 수 있는 실질적 수단이 되었습니다. 건물 유지 및 보수

비용에 대해 20퍼센트 세금 감면 혜택을 받았고, 문화유산 컬렉션에 대한 경제적 평가가 이루어졌으며, 외부로부터의 인수 위협에서 보호되는 장치가 되었습니다. 관광 가이드에 등재되었습니다.

성과는 수치로 나타났습니다. 펍 방문객 수가 30퍼센트 증가했고, 오디오 가이드는 134시간 이상 청취되었으며, 대기 중인 지원금은 20만 유로를 넘어섰습니다. 아일랜드의 펍들은 아일랜드 문화부에 유네스코 세계문화유산 등재 신청까지 마쳤습니다.

칸 부문에서의 문화와 맥락

칸 라이언즈 입장권은 매년 10월경부터 판매가 시작됩니다. 이때부터 패스를 구입하고 숙소를 예약하는 등 참가 준비를 시작할 수 있습니다. 가장 많이 판매되는 클래식(Classic) 패스는 2025년에도 200유로가 올라 4295유로가 되었습니다. 여기에 세금을 더하고 환율을 적용하면 약 830만 원입니다. 5일간 행사장을 드나드는 데 드는 비용치고는 꽤 높은 수준입니다.

출품작 접수는 보통 1월 중순에 시작해 세 차례의
마감을 거쳐 4월 초순 '최최최종' 마감으로 마무리됩니다.
마감 시점이 하나씩 지날수록 출품 비용이 쭉쭉 올라가기
때문에 조금이라도 비용을 아끼려면 서둘러 준비해야 합니다.
매년 6월 열리는 행사로만 생각하고 2~3월경에서야 출품
준비를 문의하는 경우를 보면 안타까울 때가 많습니다.

출품을 준비할 때 반드시 확인해야 할 것은 매년
달라지는 규정과 요구 사항입니다. 칸 라이언즈는 매년
변경된 부분을 공지하는데, 해마다 조금씩 달라져서 얼핏
보면 차이가 크지 않아 보입니다. 그러나 몇 년을 건너뛰어
비교해 보면 상당한 변화가 있음을 알 수 있습니다.
2024년에는 열 가지 변화가 있었는데, 그중 두 가지가 '문화'와
'맥락'에 관한 것이었습니다.

한 가지는 전년도에 작품 설명 입력란에 도입했던
'문화적 맥락(Cultural Context)' 질문을 필수 항목으로
전환한 것입니다. 작품의 뉘앙스를 더 잘 이해할 수
있게 하려고 도입했는데, 심사 위원들의 반응이 좋았던
모양입니다. 그래서 2024년부터는 필수 기재 요소가
되었습니다. 출품할 때는 케이스 필름과 출품 보드 외에도
다양한 작품 설명을 입력해야 하는데, 해마다 항목이 늘고

요구 사항이 구체화하고 있어 심사에 미치는 영향이 점차 커지고 있는 것으로 보입니다.

또 한 가지는 각 부문 하위의 '문화 및 맥락(Culture & Context)' 섹션에 '유머(Humour)' 카테고리가 신설된 것입니다. 사실 '문화 및 맥락' 섹션 자체도 역사가 길지 않습니다. 2019년 필름, 라디오와 오디오, 다이렉트, 미디어 등 주요 9개 부문에 처음 신설되었고, 당시 이 섹션에 포함된 카테고리는 5개였습니다.

①지역 브랜드(Local Brand), ②도전자 브랜드(Challenger Brand), ③단일 시장 캠페인(Single-market Campaign), ④사회적 행동 및 문화적 인사이트(Social Behavior & Cultural Insight), ⑤예산 절감(Breakthrough on a Budget)이었죠. 이후 2020년 '기업의 목적 및 사회적 책임(Corporate Purpose & Social Responsibility)', 2021년 '시장 혁신(Market Disruption)' 카테고리가 추가되었고, 2024년에는 '유머' 카테고리까지 신설된 것입니다.

칸 라이언즈가 '문화'와 '맥락'을 얼마나 비중 있게 다루는지 엿볼 수 있습니다. 전 세계의 다양한 국가와 문화가 모여 경연하는 국제 행사이기도 하고, 다양한 사회 문화적 맥락과 상황의 다양성을 꽤 오랫동안 강조해 왔으니 이런 변화는 자연스러운 흐름입니다. 다만, 그들의 무대에서 상대적으로 약자인 우리로서는 우리의 문화와 맥락이 얼마나 적극적으로 수용될지 더 지켜볼 일입니다.

꼼꼼:

빅 아이디어를 실천하는
세심함

허점 없는 크리에이티브를 만들려면

획기적인 아이디어가 곧바로 좋은 크리에이티브로 이어지는 것은 아닙니다. 빅 아이디어는 출발점일 뿐, 실제 실행까지는 수많은 난관을 거쳐야 합니다. 클라이언트의 요구나 상황에 따라 수정이 필요할 수 있고, 솔루션 중심의 캠페인일수록 현실 적용에 어려움이 생기기도 합니다. 예산 제약으로 규모를 줄이거나, 집행 장소와 시기를 조정해야 할 수도 있습니다. 초기 반응에 따라 방향을 전환하는 경우도 있습니다.

이 모든 과정에서 빅 아이디어를 뒷받침하는 크고 작은 아이디어들이 필요합니다. 아이디어들 사이를 빈틈없이 이어 주는 실행력도 필수입니다. 결국 빅 아이디어의 핵심을 끝까지 놓치지 않는 동시에, 이를 실현하는 꼼꼼함이 있어야 합니다. 이런 세심함이 허점 없는 크리에이티브를 만들어 냅니다.

2023년 제일기획이 경찰청과 함께 진행한 '똑똑(Knock Knock)' 캠페인은 글라스 부문(Glass: The Lion for Change) 본선에 올라 현장 프레젠테이션 기회를 얻었습니다. 글라스 부문은 티타늄, 이노베이션 부문과

더불어, 본선에 진출하면 심사 위원들 앞에서 직접 발표를
해야 합니다. 사전 제출하는 120초짜리 케이스 필름으로
예심을 통과하면, 본선에서는 필름에 담지 못한 캠페인
내용을 설명할 수 있는 기회가 주어지는 겁니다.

      이때 가장 긴장되는 순간은 심사 위원들의 질문
시간입니다. 캠페인을 둘러싼 가차 없는 질문이 쏟아집니다.
캠페인이 전제로 한 내용의 사실 확인부터 집행 범위와
기간, 그에 따른 반응, 예산 규모, 제시한 솔루션이 실제로
작동했는지와 이후에도 유효한지까지, 캠페인을 해부하듯
묻습니다. 정말 꼼꼼하게 준비하지 않으면 방어하기
어렵습니다. 무엇보다 답변은 변명처럼 들려서는 안 됩니다.
이유로 들려야 합니다.

      똑똑 캠페인 제작팀은 현장 프레젠테이션을
준비하며 200개 정도의 질문을 예상해 답변을 꼼꼼히
준비했습니다. 그래도 혹시 모를 상황에 대비해 더 많은
질문을 점검하고 싶어 했습니다. 프레젠테이션 전날,
칸 현지에서 저에게도 자꾸 "더 물어봐 달라"고 요청할
정도였습니다.

      저는 제작팀이 캠페인을 얼마나 빈틈없이 진행했고
질의응답을 준비했는지 잘 알고 있었기에 단 하나의 질문만

던졌습니다. 이 캠페인에 대해 자신 없는 부분이 있냐고요.
1초의 망설임도 없이 대답이 돌아왔죠. "없습니다." 그럼
됐으니 찬찬히 준비한 대로만 하면 되겠다고 했습니다.
그리고 이 캠페인은 대한민국 역사상 두 번째로 칸 라이언즈
그랑프리를 수상했습니다.

경찰청의 '똑똑'

배경
2014년과 2022년, 8년 사이에 한국에서 발생한 가정 폭력은
718퍼센트 증가했습니다. 그러나 그중 단 2퍼센트만 경찰에
신고되고 있습니다. 가장 큰 이유는 피해자가 가해자와 같은
공간에 있어 말을 할 수 없기 때문입니다. 말을 할 수 없는
피해자를 경찰은 어떻게 도울 수 있을까요?

아이디어
모스 부호에서 영감을 얻어, 피해자가 한마디도 하지 않고
경찰에 위험을 알릴 수 있는 솔루션을 만들었습니다. 112에
전화를 건 뒤, 아무 숫자나 두 번 '똑똑' 누르기만 하면

경찰로부터 링크가 전송됩니다. 이 링크를 열면 경찰은 피해자의 카메라로 현장을 실시간 모니터링할 수 있고, 위치 기반 서비스(LBS) 요청 없이도 위치 추적이 가능합니다. 또한 구글 검색창으로 위장된 앱을 통해 가해자에게 들키지 않고 피해자와 비밀 채팅을 이어 갈 수 있습니다. 이를 통해 경찰은 즉각적이고 정밀한 대응이 가능해집니다.

전략

이 새로운 신고 방식은 뷰티 유튜브 채널, 네일 숍, 미용실 등 여성이 자주 찾는 공간을 통해 대중에게 알려졌습니다.

활용 범위는 여기서 그치지 않았습니다. '똑똑' 신고 시스템은 사회적 약자를 위한 솔루션이 되기도 했습니다. 예를 들어 청각 장애인은 경찰에 전화를 걸어 도움을 요청하기 어렵지만, 이 방식을 통해 자신을 보호할 수 있습니다. 한국의 청각 장애인 배우 이소별이 캠페인의 홍보 대사로 참여했습니다.

실행

새로운 형태의 긴급 신고 방식은 전국의 112 신고 센터 상담원 4800명에게 도입되었습니다. 캠페인은 대한민국 정부의 공식 유튜브 채널과 블로그를 통해 소개되었고, 전국 경찰서와 관공서의 옥외 광고를 통해 널리 홍보되었습니다. 캠페인 시작 이후 지금까지 지속적으로 긴급 상황에서 피해자에게 링크가 전송되었으며, '똑똑' 신고 시스템은 공식적인 112 긴급 신고 방식으로 채택되었습니다.

성과

경찰 신고 센터 상담원 4800명에게 '똑똑' 신고 대응 교육을 완료했으며, 이 시스템은 대한민국의 112 긴급 신고 수단으로 공식 인정받았습니다. 또한 국내 주요 방송과 뉴스 매체를 통해 대대적으로 보도되며 총 2억 3700만 회 노출을 기록했습니다.

《브랜딩 인 아시아》는 "모스 부호처럼 숫자를 두 번 누르세요", 《코리아 타임즈》는 "침묵 속에 갇힌 이들을 돕기 위한 캠페인", 《캠페인 브리프 아시아》는 "모두를 위한 포용적인 경찰 긴급 신고 솔루션"이라고 소개했습니다.

케이스 필름 제작을 위한 열 가지 팁

꼼꼼하게 실행된 크리에이티브를 어워드에 출품할 때 작품의 본질과 성과를 전달하는 핵심 자료는 케이스 필름입니다. 단순한 요약 영상이 아니라 아이디어의 강점과 실행력을 효과적으로 설명하는 스토리텔링 도구입니다. 현업에서 클라이언트를 설득할 때 프레젠테이션이 중요하듯, 어워드에서 심사 위원을 설득할 때는 케이스 필름이 중요합니다.

칸 라이언즈는 출품 안내서에서 케이스 필름 제작을 위한 열 가지 팁을 소개합니다. 얼핏 뻔해 보이는 이야기들이지만, 막상 출품을 돕다 보면 이미 알고 있는 기본기를 놓치는 경우가 적지 않습니다. 내가 만든 크리에이티브에 심취해서 기본을 깜빡하게 되는 거죠. 이럴 때는 한 걸음 물러서서 담담히 원칙을 다시 살펴보면 좋습니다. 꼼꼼한 마무리를 완성하는 데 큰 힘이 되거든요.

첫째, 간결하게 작성하세요. 심사 위원들은 하루에도 수백 개의 작품을 검토합니다. 2분짜리 케이스 필름을 하루 종일 집중해서 검토하기란 불가능에 가깝습니다. 심신이 피로한 심사 위원들에게 복잡하고 장황한 설명은 이해를 방해할 수 있습니다. 핵심 메시지를 짧고 명확하게 전달하는 것이 중요합니다. 프로젝트의 가치와 핵심 아이디어를 간결하게 요약하세요. 설명이 길어질수록 본질은 흐려집니다.

둘째, 시작부터 핵심을 전달하세요. 많은 케이스 필름이 캠페인의 배경이나 서사를 강조하려다 정작 아이디어를 보여 주는 것은 뒤로 미루는 실수를 합니다. 그러나 심사 위원은 가능한 한 빨리 핵심을 알고 싶어 합니다. 신문 기사를 쓰듯 접근하는 것도 방법입니다. 앞부분에 핵심 정보를 먼저 제시하고, 이후에 캠페인의 아이디어와 성과,

전략적 배경을 설명하는 겁니다.

　　　　셋째, 한 걸음 물러서 새로운 시각으로 바라보세요. 캠페인을 만들고 실행하면서 오랫동안 그 안에 빠져 있다 보면 당연하게 여기는 부분이 많이 생깁니다. 그러나 심사 위원에게는 모든 것이 처음입니다. 새로운 관객을 만난다는 마음으로, 아이디어를 처음부터 차근차근 설명하세요. 캠페인을 처음 보는 이가 케이스 필름을 어떻게 따라갈지 그 리듬을 생각하세요.

　　　　넷째, 심사 위원이 이해하기 쉽게 구성하세요. 과도한 연출이나 장식은 오히려 방해가 됩니다. 작품의 아이디어가 중심이 되어야지, 영상의 겉모습이 주목을 받으면 본질이 흐려집니다. 영상의 톤과 구성, 자막과 내레이션은 모두 이해를 돕는 요소로 작동해야 합니다. 간단하고 직관적으로 구성하세요.

　　　　다섯째, 전문 용어는 자제하세요. 마케팅 업계에서 익숙한 표현도 외부에서는 낯설고 이해하기 어려울 수 있습니다. 우리 업계에서 흔히 쓰이는 용어가 다른 나라에서는 쓰이지 않거나 다른 의미로 받아들여지기도 합니다. 현학적인 말로 포장하기보다, 구체적으로 크리에이티브를 설명하는 것이 좋습니다.

여섯째, 단순하고 명확하게 구성하세요. 복잡한 구성이나 과도한 정보는 크리에이티브의 놀라움을 가려 버립니다. 캠페인을 실행하며 만들어 낸 여러 요소 중에서 핵심 아이디어에 직접적으로 기여하지 않는 것은 과감히 덜어 내도 좋습니다. 좋은 크리에이티브를 위해서는 버릴 줄 알아야 합니다. 케이스 필름도 마찬가지입니다.

일곱째, 문화와 맥락을 고려하세요. 심사 위원은 전 세계 각국에서 모여듭니다. 그중 절반 이상은 영어를 모국어로 쓰지 않는 사람입니다. 우리만 이해시키기 어렵다고 생각할 필요는 없습니다. 특정 문화나 지역의 고유한 코드, 유머, 사회적 이슈를 활용한 캠페인이라면 그 맥락을 명확히 알려 주세요.

여덟째, 이야기를 들려주세요. 케이스 필름은 보고서가 아니라 이야기입니다. 단순하고 강력하며 간결한 이야기 구조로 구성해야 합니다. 심사 위원이 쉽게 몰입할 수 있도록 간결하면서도 감정을 움직일 수 있는 스토리텔링을 담아야 합니다.

아홉째, 카테고리를 전략적으로 선택하세요. 아무리 좋은 캠페인이라도 카테고리를 잘못 고르면 제대로 평가받기 어렵습니다. 출품하려는 카테고리의 기준과 목적을 정확히 파악하고, 그에 맞는 메시지를 준비해야 합니다. 여러 카테고리에 출품한다면, 부문별로 강조점을 달리해 이야기를 구성하는 것이 좋습니다.

  마지막으로, 의미 있고 측정 가능한 결과를 꼭 보여 주세요. 정직하고 구체적인 수치와 통계를 제시해야 합니다. 처음 설정한 목표가 크리에이티브에 의해 어떻게 달성되었는지 명확히 드러내세요. 의미 있는 변화를 만들어 내는 것까지가 크리에이티브의 역할입니다. 사람들의 생각과 행동이 어떻게 달라졌는지 심사 위원이 공감할 수 있다면, 크리에이티브에 대한 공감도 그만큼 커집니다.

연계:

크리에이티브도
맞들면 낫다

함께할 때 탄생하는 더 큰 이야기

수학에서는 1 더하기 1은 언제나 2가 됩니다. 명확한 규칙이 있는 세계에서는 늘 같은 결과가 나옵니다. 하지만 크리에이티브의 세계는 다릅니다. 같은 1과 1이 만나 3이 되기도 하고, 10이 되기도 합니다. 상상력과 아이디어가 더해지면 그 시너지는 우리가 예상하지 못한 결과를 만들어 내죠.

물론 항상 좋은 결과만 있는 것은 아닙니다. 잘못된 만남으로 1과 1을 더했는데 1에 머물거나, 심지어 아무런 결과도 남기지 못하고 0이 되기도 합니다. 그렇기에 함께할 대상을 고르고 힘을 합하는 과정 자체가 또 하나의 크리에이티브라 할 수 있습니다.

많은 사람이 모이는 자리는 언제나 브랜드에게 매력적인 기회가 됩니다. 그렇기에 누구와 손잡을 것인가를 고민하게 됩니다. 올림픽, 월드컵, 슈퍼볼 같은 세계적인 스포츠 이벤트는 물론이고, 산업별 전시회, 전문 콘퍼런스, 학회, 지역 커뮤니티 행사까지, 크고 작은 이벤트가 브랜드에게는 소중한 접점이 됩니다. 브랜드가 이런 자리에 적극적으로 참여하는 이유는 분명합니다. 많은 사람의 관심이 집중되는 순간, 더 많은 이들에게 자신의 이야기를 효과적으로 전할 수 있기 때문입니다.

행사를 준비하는 주최 측도 사정은 비슷합니다. 더 풍성한 프로그램을 마련하고 운영에 필요한 예산을 충당하려면 외부의 지원이 필요합니다. 이처럼 서로의 필요가 만나는 지점에서 자연스럽게 파트너십이 형성됩니다. 브랜드는 시장과 고객에게 더 가까이 다가갈 기회를 얻고, 주최 측은 더 나은 행사 운영을 위한 자원과 아이디어를 확보합니다. 목적이 맞닿는 순간, 두 당사자는 자연스럽게 손을 잡게 됩니다.

칸 라이언즈에서 열리는 여러 세미나에서는 브랜드와 광고 에이전시가 함께 무대에 서는 모습을 자주 볼 수 있습니다. 공동으로 진행한 캠페인을 통해 각자의 철학과 성과를 보여 주는 자리이기 때문입니다. 브랜드는 기업의 비전과 방향성을 소개할 수 있고, 에이전시는 자신의 크리에이티브 역량을 증명할 기회를 얻습니다. 서로를 돋보이게 만들어 주는 협력의 좋은 예입니다.

하지만 협업이 반드시 공식적인 파트너십일 필요는 없습니다. 크리에이티브한 접근은 예기치 않은 방식으로도 누군가를 자연스럽게 내 편으로 끌어들일 수 있습니다.

때로는 상대의 허락 없이도 아이디어 하나로 함께하는 효과를 만들어 낼 수 있습니다. 캠페인 속에 예상치 못한 브랜드나 인물을 등장시키거나, 사회적 이슈와 문화 현상을 창의적으로 엮어 내는 식입니다. 이런 접근은 별도의 파트너십 비용 없이도 훨씬 강렬한 인상을 남길 수 있습니다.

정식 협업이든, 창의적인 방식으로 자연스레 엮이는 우연한 만남이든, 함께할 때 더 큰 이야기가 탄생합니다. 그리고 그 연결을 특별하게 만드는 힘은 다름 아닌 좋은 크리에이티브입니다.

쿠어스 라이트(Coors Light) 맥주는 '고장 난 쿠어스 라이트(Coors Lights Out)' 캠페인으로, 스쳐 지나갈 뻔한 찰나의 기회를 붙잡았습니다. 야구 역사상 가장 위대한 선수로 불리는 오타니 쇼헤이가 파울 볼로 쿠어스의 광고판을 강타한 사건이 계기였습니다. 전광판이 깨지면서 광고판 속 쿠어스 캔에 검은 사각형이 생겨났습니다. 중계진은 "쿠어스가 오타니에게 수리비 청구서를 보내야겠다"라는 농담까지 주고받았죠.

쿠어스는 오타니가 만들어 낸 검은 사각형을 수리하는 대신, 적극적으로 활용하기로 했습니다. 이틀 만에 깨진 전광판의 흔적을 그대로 옮긴 스페셜 에디션 쿠어스 캔이 출시됐습니다. 다른 쿠어스 광고판에도 똑같은 위치에 똑같은 모양의 사각형을 만들었습니다. 사람들은 전광판뿐 아니라 다른 옥외 광고판과 스페셜 에디션 캔에서 그 사각형을 보게 되었고, 대부분이 광고판을 깨뜨린 오타니 쇼헤이를 떠올렸습니다.

쿠어스는 메이저리그 또는 오타니의 정식 스폰서가 아니었습니다. 그래서 오타니를 직접 언급하거나 그의 모습을 활용할 수는 없었습니다. 그러나 오타니가 만들어 낸 검은 사각형 하나로 사람들의 머릿속에서 쿠어스와 오타니를 단단히 연결해 냈습니다. 재빠른 판단과 신속한 실행으로 성공적인 마케팅 사례를 만들어 냈죠.

작은 브랜드도 아니고 조직 규모도 상당할 텐데, 이렇게 빠르게 의사 결정을 할 수 있으려면 평소 어떤 조직 체계를 가지고 있어야 할지 궁금해집니다. 기획서를 쓰고 보고하고 수정하고 다시 보고하는 식의 전통적 방식으로는 만들어질 수 없는 사례일 테니까요.

쿠어스 라이트의 '고장 난 쿠어스 라이트'

배경

지난 30년 동안 쿠어스 라이트의 최대 경쟁사는 수백만 달러를 들여 메이저리그 야구와 팬들에게 존재감을 각인시켜 왔습니다. 그러나 야구야말로 쿠어스 라이트에게 최적의 무대였습니다. 경기는 느긋하게 진행되고, 관중은 브랜드의 핵심 타깃층 — 긴장을 풀고 친구들과 함께 어울리는 순간을 즐기는 사람들 — 이기 때문입니다.

쿠어스 라이트의 과제는 이미 경쟁사에 마음을 준 이 타깃과 어떻게 연결 고리를 만들 것인가 하는 것이었습니다. 그리고 그 답은 한 번의 스윙으로 찾아왔습니다. 야구 역사상 가장 위대한 선수인 오타니 쇼헤이가 친 파울 볼이 쿠어스 라이트 광고판을 강타해, 맥주 캔 위쪽에 검은 사각형 자국을 남긴 것입니다. 여기에 대한 쿠어스 라이트의 대응은 곧 전 세계 야구팬들의 관심을 사로잡았습니다.

아이디어

오타니의 파울 볼로 부서진 쿠어스 라이트 광고판의 영상과 이미지는 입소문을 타고 전 세계로 퍼졌습니다.

브랜드 입장에서는 다소 당황스러운, 깨진 광고가 함께 확산됐습니다. 그러나 쿠어스 라이트는 이를 고치지 않고 오히려 받아들였습니다. 스폰서십에도, 선수 후원에도 단 한 푼 들이지 않고 야구 역사상 가장 위대한 선수 오타니 쇼헤이의 '비공식 스폰서'가 되는 기회를 만든 것입니다.

전략

야구팬들은 스포츠와 선수에 대한 애착이 깊습니다. 그래서 피규어, 카드, 사인 볼 같은 기념품 시장이 크게 형성되어 있습니다. 팬들은 추억을 실물로 간직하고, 열정을 표현하며, 당시의 감동을 다시 떠올립니다. 요즘처럼 소셜 미디어로 연결된 세대에게는 바이럴 순간 자체가 곧 기념품이 되기도 합니다.

 오타니가 광고판을 부순 순간이 전 세계적으로 회자되자, 쿠어스 라이트는 그 장면을 곧바로 기념품으로 만들었습니다. "오타니가 부순 광고판이 맥주 캔으로 다시 태어났다"라는 메시지와 함께 언론사에 보도 자료를 배포했습니다. 공식적인 메이저리그 후원사도 아닌데, 쿠어스 라이트는 야구와 관련한 대화를 장악하게 됐습니다.

 실행

오타니 쇼헤이가 쿠어스 라이트 광고판을 부순 지 48시간 만에, 쿠어스 라이트는 그 광고판을 재현한 스페셜 에디션 패키지를 출시했습니다. 광고판에서 부서진 픽셀의

까만 네모를 그대로 복제해, 캔의 같은 위치에 담아낸 디자인이었습니다.

새로운 캔을 홍보하기 위해 쿠어스 라이트는 자사 광고물 곳곳에 검은 네모를 붙여 일명 '부서진 광고' 캠페인을 전개했습니다. 당시 오타니가 속해 있던 LA 에인절스의 연고지인 애너하임 일대 옥외 광고와 홈구장 엔젤 스타디움의 대형 스크린 전체가 '부서진 광고'로 채워졌습니다. 동시에 소셜 미디어에서는 시리즈 콘텐츠를 통해 팬들을 온라인 스토어로 유도했고, 팬들은 이 특별한 맥주 캔을 자신의 야구 컬렉션에 추가했습니다.

성과

이 캠페인은 순식간에 전 세계로 퍼져 나가며 바이럴을 일으켰습니다. 미국에서 시작된 '쿠어스 라이트 아웃' 캠페인은 디자인, 라이프스타일, 스포츠 전문 미디어를 통해 보도되었고, 공식 스폰서보다 높은 관심도를 기록했습니다.

스페셜 에디션 캔은 출시 24시간도 안 되어 완판되었고, 팬들은 기존 캔이나 굿즈에 직접 검은 네모를 붙이며 열광했습니다. 심지어 깨진 광고판 패널도 7000달러가 넘는 가격에 경매에 부쳐지며 야구 기념품이 되었습니다.

       열기는 국경을 넘어섰습니다. 오타니의 고국인 일본 팬들도 참여를 원했고, 쿠어스 라이트는 브랜드 역사상 처음으로 자사 맥주를 일본 시장에 선보이게 되었습니다.

비즈니스가 시작되는 곳

1946년 시작된 칸 국제 영화제를 지켜보면서 전 세계 영화 광고 계약자 그룹(SAWA)은 극장 광고 제작자들도 장편 영화 산업 종사자들과 비슷한 인정을 받아야 한다고 생각했습니다. 그래서 SAWA는 1954년 극장 광고를 홍보하기 위해 국제 광고 영상 페스티벌(International Advertising Film Festival)을 설립했습니다.

       초기에는 극장 광고 제작자 중심으로 운영되었지만, 곧 TV 광고의 전성시대가 열리면서 광고 대행사와 광고 제작 프로덕션이 주요 참가자가 되었습니다. 1992년에는 광고주에게 수여하는 '올해의 크리에이티브 마케터(Creative Marketer of the Year)' 상이 신설되었는데, 이 무렵에는 광고주의 참가가 늘어났던 것 같습니다.

인터넷 시대가 열리고 디지털 광고의 비중이 커지면서, 그리고 칸 라이언즈가 영역을 광고만이 아닌 '크리에이티비티 산업' 전반으로 확장하면서 칸에 참가하는 회사가 매우 다양해졌습니다. 그러면서 칸 라이언즈가 열리는 팔레 데 페스티벌 주변은 해마다 점점 복잡해지고 있습니다.

글로벌 광고 회사들이 차지하던 칸 해변의 공간은 이제 구글, 메타, 아마존 등 온라인 대형 브랜드들이 점령했고, 링크드인, 틱톡까지 가세하면서 더는 들어설 곳 없이 빽빽해졌습니다. 널찍하던 행사장 앞 광장도 시상식 대기 줄 공간을 제외하면 각종 브랜드 부스로 가득 차 있고요. 고풍스러운 호텔의 앞뜰과 뒤뜰 역시 브랜드 부스로 채워졌고, 호텔 회의실은 이미 예약이 꽉 들어찬 상태입니다. 2025년 칸 라이언즈 공식 홈페이지에 공개된 '파트너(Partners)'는 모두 115개에 이릅니다. 그중 '체험 파트너(Experience Partners)'로 분류된 40여 곳은 각자의 공간에서 세미나와 이벤트를 열며 직접 소통의 장을 마련합니다. 살짝 더하자면, 제일기획은 참관객에게 나눠 주는 공식 에코백의 스폰서로 참여했습니다.

공식 파트너가 아닌 곳들도 행사장 외곽에서 여러 행사와 만남을 만들어 갑니다. 근사한 레스토랑을 빌려 여러 사람을 초대하기도 하고, 빌라를 임대해 소규모 콘퍼런스를 열기도 합니다. 바 혹은 펍을 통째로 빌려 파티를 개최하기도 하고요. 전 세계 마케팅 커뮤니케이션 산업의 핵심 인물들이 이만큼 많이 모이는 행사가 드물어서, 참가자들은 이 기회를 놓치지 않기 위해, 또 협력할 상대를 찾기 위해 열심히 뛰어다닙니다.

칸 라이언즈의 근간인 마케팅 커뮤니케이션 산업은 B2B 성격이 강해, 5월에 열리는 영화제에 비해 참가자 수는 훨씬 적습니다. 그러나 비즈니스 당사자들이 직접 모이기 때문에 핵심 인물을 만날 가능성은 오히려 더 큽니다. 브랜드들은 참가자 수보다 '누가 오느냐'에 주목하며, 칸 해변에 점점 더 많은 비용을 투자하고 있습니다.

온라인이든 오프라인이든 사람들이 많이 모이는 곳에는 비즈니스 기회가 생기기 마련입니다. 칸 라이언즈는 마케팅 커뮤니케이션 산업의 기업들, 그중에서도 특히 글로벌 비즈니스를 펼치려는 기업들이 반드시 살펴봐야 할 곳이자 더 큰 기회를 만들 수 있는 곳입니다. 우리 기업들도 칸의 캠페인들을 보면서 감탄만 하기보다 비즈니스 기회를 만드는 장으로 활용해 가면 좋겠습니다.

영향:

좋은 크리에이티브는
효과적 해결책

크리에이티브와 효과는 이음동의어

크리에이티브와 광고 효과는 서로 다른 의미일까요, 아니면 떼려야 뗄 수 없는 동전의 양면일까요? 종종 이런 이야기를 듣습니다. "상을 받는 광고가 멋지긴 한데, 그게 정말 매출에 도움이 될까?", "어워드는 광고 회사나 좋아하지, 브랜드에는 별 의미가 없어." 크리에이티브와 효과가 함께할 수 없는 것으로 여기는 생각들입니다.

그러나 실제 데이터와 연구 결과는 오래전부터 다른 이야기를 하고 있습니다. 2010년 마케팅 전문가 피터 필드(Peter Field)는 영국 광고 산업 단체 IPA와 광고 분석 기관 싱크박스(Thinkbox)의 의뢰를 받아 크리에이티브의 효과를 연구했습니다. 2000년부터 2008년 사이 크리에이티브 어워드에서 수상한 캠페인이 시장 점유율, 매출, 이익, 충성도 증대에 실제로 기여했는지 추적했습니다.

결과는 뚜렷했습니다. 많이 수상한 캠페인, 즉 크리에이티브에 높은 평가를 받은 캠페인은 그렇지 않은 캠페인보다 성과를 낼 가능성이 11배 높았습니다. 사람들이 주목하고, 공감하며, 기억하는 캠페인일수록 실제로 브랜드 성장에도 도움이 될 가능성이 크다는 이야기입니다.

그렇다면 질문을 이렇게 바꿔 볼 수 있습니다. 효과가 없는 광고를 과연 '좋은 크리에이티브'라 부를 수 있을까요? 진정으로 뛰어난 크리에이티브는 단순히 눈길을 끄는 데 그치지 않고, 브랜드의 목표 달성을 도와야 합니다. 브랜드가 추구하는 이미지를 더 확실하게 만들어 주고, 소비자에게 긍정적 인상을 남기며, 나아가 브랜드의 목표 달성까지 연결되어야 그야말로 '브랜드에 필요한 크리에이티브'라 할 수 있습니다.

칸 라이언즈 수상작을 살펴봐도 크리에이티브와 효과는 별개의 영역이 아님을 알 수 있습니다. 브랜드와 동떨어진 '재미있는 아이디어'만으로는 좋은 크리에이티브라 할 수 없습니다. 사회 문제 해결, 브랜드 신뢰 회복, 소비자 행동 변화 등 실질적인 임팩트를 만들어 낸 캠페인들이 결국 수상작 리스트에 오릅니다. 좋은 크리에이티브는 반드시 효과를 동반해야 합니다. 브랜드에 의미 있는 변화를 만들어 낼 수 있어야 진짜 가치 있는 크리에이티브라 할 수 있습니다.

2024년 크리에이티브 효과 부문(Creative Effectiveness Lions)에서 그랑프리를 수상한 작품은 하인즈 케첩(Heinz Ketchup)의 '하인즈여야 해(It has to be Heinz)' 캠페인이었습니다. 이 작품은 이 부문의 최소 출품 조건인

'최근 3년 이내 숏리스트 진출'을 충족하고도 넘칩니다. 좀 과하게 넘치죠. 지난 3년 동안 금사자상 5개, 은사자상 5개, 동사자상 8개를 수상했고, 숏리스트에 40개나 진출했습니다.

하나의 캠페인으로는 불가능한 기록입니다. 출품작 수의 제한이 없던 시절이라면 모를까, 요즘은 티타늄 부문을 포함해 최대 7개 부문에만 출품할 수 있으니 말입니다. 비결은 여러 캠페인을 하나로 묶어 낸 데 있습니다. 캐나다의 광고 회사 리싱크(Rethink)는 칸 라이언즈에서 수상했던 하인즈 케첩 캠페인들을 모았습니다.

팬데믹으로 인해 통합 개최된 2020·2021년의 '완벽하게 따르기(Pour Perfectly)', '하인즈 케첩 퍼즐(Heinz Ketchup Puzzle)', 2022년에 수상한 '케첩 그리기(Draw Ketchup)', '핫도그 협약(Hot Dog Pact)', 그리고 2023년에 수상한 'AI 케첩(AI Ketchup)', '하인즈 조작(Heinz Fraud)', '빈티지 얼룩(Vintage Drip)', '하인즈 슈퍼볼 LVII(Heinz Super Bowl LVII)' 등입니다. 이들을 모아 '브랜드 경험을 통해 소비자를 참여시키며, 결국 하인즈여야만 한다는 점을 보여 주었다'라는 것이죠.

사실 조금은 억지스러워 보이기도 합니다. '케첩 그리기'와 'AI 케첩' 외에는 아이디어에 일관성이 부족해 보입니다. 하지만 브랜드가 지닌 자산을 토대로 '케첩은 하인즈지'라는 메시지를 전달했다는 점에서 인정받았다고 볼 수 있습니다. 한편으로는, 한 회사에서 한 브랜드로 이렇게 다양한 방향의 크리에이티브를 연속적으로 만들어 냈다는 것이 참 대단하다는 생각도 듭니다. 광고주 입장에서도 새로운 아이디어와 실험을 이어 가는 에이전시와 일하면서 신이 났을 것 같고요.

하인즈 케첩의 '하인즈여야 해'

배경

하인즈 케첩은 유리병, 상징적인 빨간색, 키스톤 라벨, 우수한 품질과 탁월한 맛으로 전 세계에 알려져 있습니다. 그러나 150년 역사의 하인즈에는 브랜드 아이콘으로서의 지위를 유지해야 하는 과제가 있었습니다. 지난 5년간의 목표는 하인즈의 상징적 지위를 증명할 수 있는 브랜드 경험을 통해 소비자를 참여시키고, 하인즈와 소비자 사이의 정서적 유대를 다시 불러일으키는 것이었습니다. 굳이 '하인즈여야만 한다'라고 말하지 않아도 소비자가 그렇게 느낄 수 있게 하는 것이 핵심이었습니다.

아이디어

5년에 걸친 일련의 작업을 통해 '하인즈여야만 한다'는 사실을 증명했습니다. 브랜드가 직접 말하기보다 세상이 그 이야기를 대신하도록 했습니다.

'완벽하게 따르기' 캠페인에서는 하인즈 케첩을 병에서 꺼낼 수 있는 완벽한 각도를 보여 주면서 150년 된 미스터리를 완벽하게 해결했습니다. '하인즈 케첩 퍼즐' 캠페인에서는 팬데믹 시기에 하인즈의 상징인 빨간색으로 만든 570조각 퍼즐을 제공해 소비자에게 즐길 거리를

제공했습니다. '케첩 그리기' 캠페인에서는 사람들에게 케첩을 그려 달라고 요청했는데, 모두가 하인즈를 그렸습니다. 'AI 케첩' 캠페인에서는 AI에 케첩을 그리도록 했습니다. '하인즈 조작' 캠페인에서는 하인즈 병에 다른 케첩을 채워 넣는 식당을 알려 소비자의 지지를 이끌어 냈습니다.

전략

하인즈 브랜드에 대한 사랑을 다시 불러일으키기 위해 '우리가 최고다'라고 말하는 것이 아무 의미가 없음을 잘 알고 있었습니다. 우리는 하인즈의 본질적인 진실을 다시

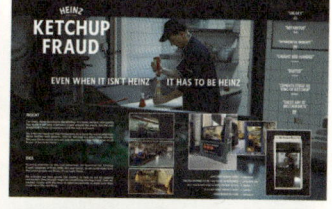

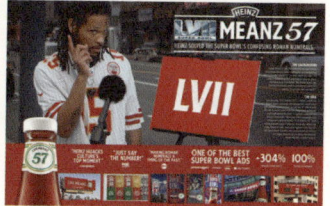

발견했습니다. '하인즈는 곧 케첩이다.' 이 사실만으로도 세계에서 아무도 따라 할 수 없는 방식으로 브랜드를 재정의할 기회를 찾았습니다. 우리가 스스로 '하인즈여야 합니다'라고 말할 필요는 없었습니다. 전 세계 사람들이 그 말을 대신해 줄 수 있었기 때문입니다.

성과

다양한 전략과 캠페인의 결과, 2019년 이후 글로벌 하인즈 케첩 매출은 연간 12퍼센트 성장했습니다. 또한 하인즈는 경쟁사로부터 3.2퍼센트포인트의 점유율을 가져왔고, 경쟁사 점유율은 감소했습니다. 매출 점유율은 2019년 72.6퍼센트에서 2023년 74.1퍼센트로 올랐습니다. 소매 매출 역시 2019년 5억 7800만 달러에서 2023년 8억 5100만 달러로 47.24퍼센트 증가했습니다. 5년 동안 소비자들에게 왜 하인즈여야 하는지를 설명하지 않고 보여 준 결과, 브랜드 호감도는 3퍼센트포인트 상승했습니다.

크리에이티브 효과 부문

매년 칸 라이언즈 수상작을 살펴보는 분이라면 "어, 이건 작년에 수상했는데, 올해도 또 수상했네!" 하는 것들이 있을 겁니다. 캠페인 실행 기간이 두 해에 걸쳐 출품할 수 있는 범위에 해당하면, 전년도에 출품하지 않았던 부문에 출품해 수상하는 경우가 종종 있습니다. 그런데 다른 부문과 달리 크리에이티브 효과 부문만은 반드시 과거 다른 부문에 출품했던 작품만 출품할 수 있습니다. 더 정확히 말하면, 최근 3년 이내 칸 라이언즈에서 수상했거나 최소 숏리스트에 올랐던 작품만 출품할 수 있죠. 따라서 이 부문의 수상작들은 이전에 분명히 봤던 작품일 수밖에 없습니다.

      칸 라이언즈 각 부문은 출품작 평가 기준을 서너 가지로 제시합니다. 예컨대 필름, 인쇄·출판, 옥외, 오디오·라디오 같은 전통 매체 부문은 심사에서 아이디어, 실행, 효과를 고려한다고만 되어 있고, 비중은 정해져 있지 않습니다. 그 외 대부분의 부문은 평가 항목별 비중을 구체적으로 명시합니다. 예를 들면, 한국 기업들의 수상이 비교적 많은 브랜드 경험 및 활성화 부문은 아이디어 20퍼센트, 전략 20퍼센트, 실행 30퍼센트, 결과 30퍼센트로 평가됩니다. 다이렉트 부문은 아이디어 30퍼센트, 전략 20퍼센트, 실행 20퍼센트, 결과 30퍼센트로 평가되고요.

크리에이티브 효과 부문의 평가 비중은 아이디어 25퍼센트, 전략 25퍼센트, 그리고 효과와 결과(Impact & Results)가 50퍼센트입니다. 특정 항목 하나가 절반을 차지하는 부문은 이 부문이 유일합니다. 그만큼 효과와 결과를 중요하게 판단하는 부문이라는 뜻이죠. 이미 다른 부문에서 숏리스트 이상에 올라 아이디어를 검증받은 작품이니, 아이디어보다는 실행 이후에 나타난 결과를 명확하게 보여 주고 의미를 제시해야 합니다. 시장에 어떤 영향을 미쳤는지, 브랜드에는 어떤 결과를 가져왔는지를 입증해야 수상할 수 있는 부문입니다.

이 부문에서는 아직 한국의 수상 기록이 없습니다. 그래서 더 욕심이 나는 부문이기도 합니다. 이 부문 수상은 크리에이티브의 효과를 객관적으로 증명할 기회이기도 하고, 여전히 크리에이티브를 '현업'과 '수상'으로 구분하는 생각을 지우는 계기가 될 수 있습니다. 그렇게 된다면 좋은 크리에이티브로 세상을 바꾸려는 이들이 더 신나게, 더 나은 작업에 몰두할 수 있지 않을까 하는 생각을 해봅니다.

웰빙:

크리에이티브가 만들어 가는 건강한 삶

사회적 문제를 해결하는 크리에이티브

출품하고 싶은 캠페인이 있다는 연락을 받으면 어떤 캠페인인지, 어떻게 하면 수상 확률을 높일 수 있을지 함께 논의합니다. 출품하려는 이유는 기본적으로 그 캠페인이 좋은 크리에이티브라고 믿기 때문입니다. 그런데 종종 '사회적 이슈를 다룬 캠페인'이라는 점을 앞세워 강조하기도 합니다. 실제로 수상작들을 보면 그런 캠페인이 눈에 많이 띄기 때문입니다. 하지만 사회적 이슈를 다뤘다는 이유만으로 수상을 기대하기는 어렵습니다. 중요한 것은 그 이슈를 얼마나 크리에이티브하고 효과적으로 다루었냐입니다. 저는 늘 이 점을 강조합니다.

최근 수상작들을 보면 매출 증대 같은 브랜드의 목적 달성에 그치지 않고, 사회적 문제 해결까지 함께 지향하는 경우가 많습니다. 현대 사회에서 사람들은 브랜드가 공동체의 문제 해결에 참여해 주기를 기대하기 때문입니다. 사회의 일원으로서 책임 있는 역할을 해주길 바라는 겁니다. 이러한 노력이 브랜드 호감도를 높이고, 때로는 기업 가치와 주가에도 긍정적인 영향을 미칩니다.

브랜드가 민감한 사회적 이슈를 다루려면 용기가

필요합니다. 실질적인 해결책을 만들어 내기도 어렵지만, 자칫하면 비판을 받을 위험도 있기 때문입니다. 과감한 크리에이티브에 대한 용기와 문제를 직면하려는 진정성이 더해져야 좋은 솔루션을 만들어 낼 수 있습니다.

   수년간 좋은 크리에이티브들이 주목해 온 사회적 이슈 몇 가지를 소개해 드리려 합니다. 이 문제들은 오래전부터 존재해 왔고, 앞으로도 완전히 해결되기는 어려울지 모릅니다. 하지만 더 나은 세상, 더 나은 삶을 위해 함께 고민하고 대화하며 개선하려는 시도는 의미가 있습니다. 각 이슈를 조금씩 해결해 나가는 것도 중요하지만, 나아가 브랜드 활동 전반에 그 문제의식이 기본 전제로 녹아 있으면 더 좋겠습니다.

   먼저 소개할 이슈는 '웰빙'입니다. 웰빙은 단지 나 혼자 운동하고 잘 먹는 것에 그치지 않습니다. 사회와의 연결, 관계 속 안정감, 공동체적 배려도 중요한 요소입니다. 좋은 크리에이티브는 개인적 차원을 넘어 공동체적 웰빙을 이야기합니다. 사람들의 인식을 바꾸고 웰빙을 더 깊은 차원에서 바라보게 하죠. 건강과 안전, 정신적 안정 같은 웰빙의 핵심 요소는 삶과 직결된 문제입니다. 그만큼 브랜드가 전하는 메시지에도 무게가 따릅니다. 놀랍고 흥미로운 것을 넘어, 정확한 정보와 명확한 메시지로 다가가야 브랜드 신뢰를 지키고 더 나은 삶에 기여할 수 있습니다.

2025년 칸 라이언즈의 건강 및 웰니스 부문(Health & Wellness Lions)에서 금사자상을 받은 평등 건강 재단(Equality Health Foundation)의 '불평등 빌보드(Inequality Billboards)' 캠페인은 우편 번호 진단(Zip Code Exam)을 통해 웰빙이 공동체 차원의 과제라는 것을 잘 보여 줬습니다. 우편 번호에 따라 건강과 웰빙 수준이 달라지는 현실을 드러냈죠.

평등 건강 재단의 '불평등 빌보드'

<u>배경</u>
미국에서 가장 중요한 건강 지표는 다름 아닌 '집 주소'일 수 있습니다. 전국 곳곳에서 단지 거리 하나, 철도 선로 하나를 사이에 두는 인접한 우편 번호 지역 간에 기대 수명이 최대 14년까지 차이 나는 경우가 흔히 발견됩니다. 이런 격차는 유전이나 개인의 생활 습관 때문이 아니라, 식료품 접근성

부족(식품 사막), 높은 주거 비용, 미비한 교통 인프라, 제한된 교육 및 일자리 기회, 그리고 열악한 의료 서비스 등 구조적 불평등에서 비롯됩니다.

아이디어

이 캠페인은 건강 검진의 개념을 재구성했습니다. 공공 데이터를 활용해 '주소가 수명을 예측할 수 있다'라는 충격적 사실을 개인 맞춤형 경험으로 전환했습니다. 전통적인 미디어나 진료 도구에 의존하지 않고, 광고판을 진단 도구로, 우편 번호를 행동 촉구 메시지로 바꿨습니다. 실제 기대 수명 데이터를 바탕으로 한 지역 옥외 광고는 주민들의 감정과 인식을 자극했습니다. "이 길을 건너면 10년을 잃습니다"

같은 문구는 보이지 않던 불평등을 드러내며 온라인과 오프라인에서 대화를 촉발했습니다.

데이터, 스토리텔링, 지리 정보, 디지털 도구를 결합한 이 캠페인은 단순한 인식 제고를 넘어, 사람들이 직접 탐색하고 이해하며 행동할 수 있도록 했습니다. 시스템의 불공정을 긴급하고, 지역적이며, 해결 가능한 문제로 전환한 것이 핵심이었습니다.

전략

대다수 미국인은 건강이 유전이나 개인의 선택에 달려 있다고 믿습니다. 그러나 더 깊은 진실은 이렇습니다. DNA보다 우편 번호가 수명을 더 잘 예측할 수 있다는 점입니다. 우리는 미국 전역 3만 개 우편 번호 지역별로 90만 개 이상의 공공 데이터를 수집해 인접 지역 간 기대 수명 격차를 분석했습니다.

이 데이터를 미국 전역의 우편 번호가 포함된 인터랙티브 지도에 시각화해 보여 줬습니다. 격차의 경계선에 옥외 광고 설치물을 배치하고 "이 길을 건너면 10년을 잃습니다" 같은 강렬한 문구를 사용해 광고판이 곧 경고 메시지가 되도록 했습니다. 각 광고는 zipcodeexam.com으로 연결되어 사용자가 자신의 건강 점수를 조회하고, 그 결과를 지역 정치인에게 전달할 수 있게 했습니다.

이 캠페인의 목표는 단지 인식 제고가 아니라, 지역 사회에 '행동할 수 있는 힘'을 제공하는 것이었습니다.

실행

이 캠페인은 기대 수명 격차가 가장 심한 여섯 개 도시 — 뉴욕, 피닉스, LA, 휴스턴, 피터즈버그, 시카고 — 에서 시작되었습니다. '불평등 빌보드'라는 이름의 데이터 기반 타깃 옥외 광고 캠페인이 해당 지역에 전개되었습니다. "이 정거장에서 내리면 70세까지 삽니다. 다음 정거장까지 가면 84세까지 살 수 있습니다." 이러한 문구는 사람들의 시선을 붙잡고 깊이 생각하게 만들어 zipcodeexam.com 방문을 유도했습니다.

웹사이트에서는 우편 번호를 입력하면 개인화된 기대 수명 점수와 그 격차를 만드는 사회적 요인 분석을 확인할 수 있었습니다. 또한 우편 번호 간 비교, 격차 설명, 행동 촉구(정치 참여, 지역 보건 자원 안내 등)를 지원했으며, 지역 건강 보고서를 다운로드하거나 전송할 수 있는 기능도 제공했습니다. 오프라인과 온라인의 연결을 통해 구조적 문제를 개인적이고 현실적인 문제로 바꾸고, 해결을 위한 길을 제시했습니다.

결과

이 캠페인은 2025년 4월 시작되었으며, 일주일 만에 옥외 광고가 설치된 모든 지역에서 웹사이트 방문이 이루어졌습니다. 총방문 수는 20만 건을 돌파했고, 1만 건 이상의 커뮤니티 건강 보고서가 지역 정치인에게 전달되었습니다. 사이트 평균 체류 시간은 3분 이상으로,

단순 방문이 아니라 능동적 탐색과 활용이 이루어졌음을 보여 줍니다. 옥외 광고는 소셜 미디어에서 공유되며 자발적 대화를 촉발했고, 많은 사용자가 자신의 우편 번호와 인접 지역을 비교한 이미지를 올리며 사적 데이터를 공적 논의로 확장시켰습니다.

특히 뉴욕 퀸스 자치구와 피닉스시는 '우편 번호 진단'을 매년 예산 편성 과정의 기준 도구로 채택하겠다고 발표했습니다. 아직 초기 단계이지만, 캠페인은 '왜 개인이 건강하지 않을까?'라는 질문에서 '왜 시스템이 건강을 어렵게 만들까?'라는 질문으로 담론 전환을 만들어 냈습니다. 이러한 인식 전환이야말로 공중 보건의 진짜 진보가 시작되는 지점입니다.

라이언즈 헬스

2000년대 들어 거의 매년 한 개씩 부문을 늘려 가던 칸 라이언즈는 2014년에 아예 페스티벌 하나를 새로 만들었습니다. 당시 월요일부터 토요일까지 일주일간 진행하던 칸 라이언즈 행사 앞에 이틀간의 라이언즈 헬스(Lions Health) 페스티벌을 창설한 것입니다.

당시 칸 라이언즈의 테리 새비지(Terry Savage) 회장은 새로운 페스티벌 출범을 알리며 "헬스케어 분야의 에이전시가 규제 프레임워크로 크리에이티브에 제약을 받고 있다. 라이언즈 헬스는 참가자들이 공정한 무대에서 경쟁하면서 이 분야를 새로운 크리에이티브 차원으로 발전시킬 수 있도록 지원할 것"이라고 밝혔습니다. 헬스 분야는 규제가 많아서 다른 분야와의 경쟁에서 불리하다는 업계의 요청이 새로운 페스티벌 탄생의 배경이었습니다. 첫해에는 1423개의 엔트리가 접수되었는데, 11년째를 맞은 2025년에도 1474개가 출품되어 크게 늘지도 줄지도 않은 채 비슷한 규모를 유지하고 있습니다. 현재는 별도의 행사로 열리지 않고 칸 라이언즈의 8개 트랙 중 하나로 통합되어 있습니다.

칸 라이언즈의 일반적인 부문은 매체 구분을 우선으로 하고, 그 아래에 업종과 해당 부문의 세부 기법 또는 방식을 분류하는 구조입니다. 하지만 라이언즈 헬스는 업종을 이미 한정하고 있어서 다른 부문과 다르게 구성되어 있습니다. '제약 부문(Pharma Lions)'과 '건강 및 웰니스 부문'이 신설되었는데, 제약 부문은 전문가 대상과 소비자 대상 캠페인을 구분했고, 건강 및 웰니스 부문은 처방전이 필요 없는 의약품과 제품, 건강 관련 교육 또는 서비스를 구분했습니다. 이후 조금씩의 변화를 거쳐 현재 하위 카테고리 구성은 다소 변경되었지만요.

      이렇게 카테고리를 선택한 뒤 마지막 단계에서 이를 실행한 미디어 또는 방법을 고르는 구조인데, 이 자리에 필름, 프린트, 옥외, 오디오, 다이렉트, PR, 데이터, 엔터테인먼트, 이노베이션 등 칸 라이언즈의 주요 부문이 놓입니다. 좀 복잡해 보이지만, 간단하게는 선후가 바뀐 구성이라고 보면 됩니다. 다른 부문에서는 한 카테고리에 한 개의 엔트리만 출품할 수 있지만, 헬스 관련 부문에서는 한 카테고리에 미디어나 특성에 따라 여러 엔트리를 제출할 수 있습니다. 한 카테고리에서 복수의 작품이 본선에 오르고 수상하는 이유가 여기에 있습니다.

동등:

서로를 동등하게
바라보기

편견을 재정의하는 솔루션

우리 사회에서 남녀가 얼마나 평등하다고 생각하세요? 각자의 상황에 따라 인식 차이가 큰 것 같습니다. 오히려 남성이 역차별을 받는다는 얘기도 들리는 걸 보면 말입니다. 제조업체에서 사회생활을 시작한 저는 광고업계로 옮기며 마케팅 커뮤니케이션 분야에 여성 인력이 상당히 많다는 사실을 실감했습니다. 이후 팀장, 해외 주재원, 임원으로 활약하는 여성 인력들을 보면서 이 업계에서는 양성평등이 꽤 진전되고 있다고 느껴 왔습니다. 하지만 세심히 들여다보면 여전히 곳곳에 편견이 남아 있는 모습을 발견합니다.

2025년 4월 정부가 발표한 〈2024년 국가성평등지수 보고서〉에 따르면, 2023년 한국의 국가성평등지수는 100점 만점에 65.4점이었습니다. 영역별로 보면 교육 영역이 95.6점으로 가장 높았지만, 완전 평등과는 여전히 거리가 있습니다. 100점을 달성한 영역이 아직 없으니, 전체적으로 여성이 여전히 차별받고 있다는 것을 보여 줍니다. 특히 양성평등 의식은 73.2점에 불과해 모든 업계에서 더 많은 고민과 성찰이 필요해 보입니다. 돌봄 32.9점, 의사 결정 32.5점이라는 참혹한 수치도 외면할 수 없는 현실입니다.

칸 라이언즈는 2015년부터 '유리 천장'을 상징하는 '글라스 부문(Glass: The Lion for Change)'을 운영하고 있습니다. 성평등 관련 캠페인들만 경연하는 부문인데, 2025년에는 장애, 인종, 성, 사회적 불평등까지 영역을 넓혔습니다. 첫해 수상작이었던 P&G의 '#여자답게(#LikeAGirl)' 캠페인은 '여자답다'라는 말의 의미를 재정의했습니다. 당시 영상을 보고 강렬한 인상을 받았고, 지금도 가장 좋아하는 캠페인을 꼽으라면 맨 먼저 떠오르는 작품입니다. '여자답게 달린다', '여자답게 던진다'가 소극적으로 사용되는 현실을 지적하고, 이 단어를 적극적이고 능동적인 의미로 재정의했습니다. 성인들과 편견 없는 소녀들의 반응을 비교하는 형식이 제 안의 편견을 돌아보게 만들었습니다.

좋은 크리에이티브는 편견을 해체하고 새로운 사회적 상식을 창조하는 힘을 갖습니다. 크리에이티브가 만들어 내는 감정, 공감, 새로운 솔루션은 성평등을 '이상'이 아닌 '현실'로 앞당기고 있습니다.

2023년 프랑스 이동 통신사 오렌지(Orange)는 '여자 축구(Women's Football)' 캠페인으로 편견에 도전했습니다. 여자 축구가 재미있다는 사실을 구구절절이 설명하기보다 보여 주는 방식을 택했습니다. 먼저 음바페, 지루, 그리즈만 등 유명 선수들의 화려한 플레이를 보여 줬는데, 보는 이들은 "역시!"라는 감탄사를 연발하며 빠져들게 되죠. 하지만 곧 영상의 비밀이 밝혀집니다. 영상 속 화려한 장면들은 사실 여자 축구 선수들의 플레이였고, 특수 효과로 남자 선수들의 모습을 덧씌운 것이었습니다.

      매년 4월 중순, 칸 라이언즈 출품을 마치면 올해 칸에는 어떤 작품이 두드러질까 하고 출품작을 살펴보게 됩니다. 2024년에 이 캠페인을 발견하고는 깜짝 놀랐습니다. 정말 여자 선수들의 플레이라고 믿기 어려웠습니다. 저 역시 여자 선수의 플레이에 편견을 갖고 있었던 겁니다. 저도 몰랐던 제 편견을 깨닫게 해준 이 캠페인이 칸을 휩쓸 것이라 예상했는데, 역시나 2024년 칸 라이언즈에서 그랑프리 2개를 포함해 총 10개의 사자를 잡아갔습니다. 본상 10개는 국가 순위로 매겨도 20위권에 해당하는 어마어마한 성적입니다.

오렌지의 '여자 축구'

배경
2023년 여름, 프랑스 여자 축구 대표팀은 다섯 번째 월드컵 무대에 올랐습니다. 그러나 대회를 불과 몇 주 앞둔 시점까지도 어떤 미디어도 방송 중계권을 구매하지 않는 이례적인 상황이 벌어졌습니다. 축구가 국민적 열정을 불러일으키는 나라에서조차 여자 축구는 여전히 관심 밖에 머물러 있었습니다. 여자 축구가 기술적으로 뒤처져 있다는 편견 때문이었습니다. 실제 경기를 본 적이 없거나, '여자 축구 최악의 장면', '실수 모음' 같은 편향된 영상만 접한 사람들이 많았기 때문입니다.

이런 맥락에서 24년간 축구와 함께해 온 이동 통신사 오렌지는 프랑스 여자 축구 대표팀에 대한 단순한 대표팀 후원을 넘어, 여자 축구가 겪고 있는 편견에 맞서기 위한 CSR 캠페인을 기획하게 되었습니다.

아이디어
축구 팬들의 기술적 플레이에 대한 애정을 활용해, 그들의 선입견에 도전하는 '트로이 목마'를 만들었습니다. 음바페,

지루, 그리즈만 등 프랑스 남자 대표팀 선수들의 화려한
플레이를 모은 듯한 '베스트 플레이' 영상을 제작한 것입니다.
영상은 실제 스포츠 하이라이트 영상의 문법을 그대로
따랐습니다. 그러나 곧 충격적인 반전이 공개됩니다. 사실

그 장면들은 모두 여자 선수들의 플레이였던 것입니다. 영상 초반부는 VFX(Visual Effect) 기술을 이용해 남자 선수들처럼 보이도록 조작된 것이었습니다. 이후 VFX를 제거하고 실제 여자 선수들의 장면을 다시 보여 주면서, 성별에 대한 고정 관념 없이 기술 그 자체를 감상하게 했습니다.

전략

우리의 주요 타깃은 축구 팬, 그중에서도 특히 남성 팬이었습니다. 2023년 프랑스 시청각 디지털 커뮤니케이션 조정 기구의 조사에 따르면, 스포츠 시청자의 66퍼센트가 남성이며, 여성 스포츠의 경우에도 63퍼센트가 남성 시청자입니다. 2022년 더럼대학교 연구에서는 남성 축구 팬의 3분의 2 이상이 여성 축구에 대해 부정적이거나 성차별적 태도를 보였습니다. 취리히대학교 사회학과 연구에서는 613명의 참가자에게 블러 처리된 골 장면을 보여 준 결과, 성별 고정 관념에 따라 기술 수준에 대한 평가가 왜곡된다는 결론에 도달했습니다. 이러한 연구 결과는 이 캠페인의 필요성을 확인해 줬습니다. 남성 팬의 시선에서 출발해, 그들의 편견을 깨는 남성 중심의 '트로이 목마' 전략이 필요했습니다.

실행

캠페인은 축구 담론이 가장 활발한 플랫폼인 엑스(X, 구 트위터)에서 시작되었습니다. 참여율이 높은 한 인플루언서 계정을 통해 먼저 편집된 영상의 1부만 게시했습니다. 여자 선수의 플레이를 남자 선수처럼 위장한 영상이었습니다. 그리고 몇 시간 뒤, 전체 영상을 공개하며 이것이 트릭이었음을 드러냈습니다. 두 개의 게시물은 폭발적인 반응을 일으켰고, 프랑스 주요 언론들이 이 영상을 보도하기 시작했습니다.

성과

이 영상은 세계적으로 큰 반향을 일으켰습니다. 20억 회 이상 노출되었고, 자연 조회 수만 2억 회를 넘어섰습니다. 91개국에서 450건 이상의 언론 보도가 이어졌고, 온라인 기사와 TV, 라디오, 팟캐스트 등 전방위적으로 미디어에 노출되었습니다. 유명인들의 참여도 뒤따랐습니다. 프랑스 체육부 장관, 레딧 CEO, 축구 해설가를 비롯해 남녀 축구 선수들도 캠페인 확산에 동참했습니다.

더 나아가 이 캠페인은 여성들에게 자신감을 주는 도구가 되었고, 대중에게는 강력한 교육 도구가 되었습니다. 영상을 본 뒤 여성 축구를 시청하겠다는 응답이 17퍼센트포인트 증가했고, 응답자의 90퍼센트는 이 영상이 성차별적 고정 관념을 깨닫게 해주었다고 답했습니다. 또 88퍼센트에 달하는 사람들이 이 영상을 학교에서 교육 목적으로 상영하면 좋겠다고 답했습니다.

칸의 양성평등

칸 라이언즈는 총 30개 부문으로 구성됩니다. 부문마다 심사 위원단과 심사 위원장이 따로 있습니다. 2025년에는 심사 위원장 30명 중에서 15명이 여성이었습니다. 딱 절반이었죠. 2024년과 2023년도 마찬가지였습니다.

칸 라이언즈가 2023년에 공개한 자료에 따르면, 전 세계 광고 회사 크리에이티브 인력 중 여성 비율은 25퍼센트이고, 디렉터급은 11퍼센트에 불과합니다. 크리에이티브의 세계에 남성 중심의 경향이 여전히 확고하다는 의미입니다. 칸 라이언즈는 업계 내 성 불균형을 개선하려는 노력을 지속해 왔습니다. 최근 몇 년간은 심사 위원 명단을 발표할 때 여성 비율을 함께 언급하고 있습니다.

성평등 문제에 신경 쓰고 있다는 점을 알리는 겁니다.

2013년에는 16명의 심사 위원장 가운데 여성은 단 2명이었고, 318명의 심사 위원 중 여성 비율은 20퍼센트에 그쳤습니다. 이후 여성 심사 위원장은 2014년 17명 중 4명, 2015년 21명 중 6명, 2016년 23명 중 5명, 2017년 23명 중 8명, 2018년 26명 중 9명으로 조금씩 늘어났습니다. 심사 위원장은 주로 ECD(Executive Creative Director)급 혹은 임원급 이상이 주로 맡는데, 여기에 적합한 여성 리더를 찾는 데 한계가 있었던 것으로 보입니다.

하지만 디렉터 이상이 주로 맡는 심사 위원단에서 여성 비율은 꾸준히 늘었습니다. 2014년 325명 중 28.5퍼센트, 2015년 366명 중 31.5퍼센트, 2016년 387명 중 40퍼센트, 2016년 387명 중 40퍼센트, 2017년 390명 중 43.5퍼센트, 2018년 413명 중 46퍼센트로 증가해 왔습니다. 2019년에는 여성 심사 위원이 48퍼센트에 이르렀고, 팬데믹으로 2020년에는 열지 못하고 2년 치를 통합해 개최한 2021년에는 마침내 51퍼센트로 절반을 넘었습니다.

디렉터급 여성 인력이 11퍼센트에 불과한 상황에서 여성 심사 위원이 절반을 넘은 것이 일부 남성에게는 불공평하게 느껴질 수 있습니다. 특히 2024년 한국에서 참여한 심사 위원 9명 중 6명이 여성이었으니, 남성 크리에이티브들이 상대적으로 불편할 수 있습니다. 하지만 예심 심사 위원 4명이 모두 여성이었고, 본심 심사 위원 5명 중 3명이 남성이었다는 점을 고려하면, 상위 자리는 남성이 불리하다고만 보기 어렵습니다.

      국내 어워드 심사 위원 구성과 관련해 업계 관계자들과 이야기를 나눈 적이 있습니다. 우리나라는 여성 심사 위원 비율을 따로 신경 쓰지 않아도 자연스럽게 절반가량이 여성으로 채워진다고 합니다. 실제로 회사에 신입 사원이 들어올 때마다 여성 인력이 절대다수를 차지하는 모습을 보면서, '우리 아들들은 어쩌나' 하는 생각이 들 때도 있습니다.

      그런데 업계 진입 단계와 달리, 디렉터급 이상에서는 여전히 남성이 우위인 경우가 많습니다. 특히 디렉터급 이상이 참여하는 대한민국 광고 대상의 심사 위원 명단을 살펴보면, '느낌상' 별문제 없다고 넘길 일이 아니라 실제 성비를 정확히 따져 볼 필요가 있어 보입니다. 심사 위원 구성뿐 아니라 업계 전반에 다른 불평등 요소가 없는지도 함께 짚어 봐야 하고요.

존중:

우리는 모두 세상에
하나밖에 없는 존재

다른 생각이 만나면

세상에는 참 다양한 사람들이 존재합니다. 인류는 이미 80억 명을 넘어섰고, 그 숫자만큼의 삶과 생각이 있습니다. 이 수많은 생각들은 각자의 삶 속에서 하나의 세상을 이룹니다. 잊지 말아야 할 점은 80억 개의 세상 중 단 하나도 같은 게 없다는 사실입니다. 각자의 세상은 다르고, 그 다름은 고유하며, 소중합니다. 내 생각과 내 세상이 존중받기를 바란다면, 타인의 생각과 세상 또한 존중해야 마땅합니다.

다양성(Diversity)이란 사람들 간의 차이를 인정하고 존중하는 가치를 말합니다. 여기에는 인종, 성별, 나이, 장애, 성적 지향, 종교, 문화, 언어, 교육, 사회 경제적 배경 등 여러 차원이 포함됩니다. 어떤 차이가 있든 존재 자체만으로 존중받아야 하며, 그 차이를 받아들이고 포용하려는 태도를 행동으로 보여야 합니다.

다양성은 크리에이티브를 만들어 내는 데에서도 중요한 자산이 됩니다. 액센츄어 송(Accenture Song)의 크리에이티브 회장인 닉 로(Nick Law)는 2024년 칸 라이언즈 세미나에서 "괴짜들과 함께 일하라"고 조언했습니다. 그가 말한 '괴짜'란 단지 유별난 사람이 아니라 '나와 다른 시선과 생각을 가진 사람'을 뜻합니다.

닉 로는 동질적인 팀은 서로 잘 이해하고 효율적이지만, 그만큼 지루하고 혁신적이지 못한 결과물을 만들어 낸다고 지적합니다. 반대로 이질적인 팀에서는, 서로 다른 경험과 관점을 가진 사람들이 모이다 보니 마찰이 생겨 익숙하지 않은 결과물이 만들어집니다. 낯선 생각들이 부딪혀 놀라운 크리에이티브가 나오는 것이죠.

이 시대의 크리에이티브는 만드는 사람도, 또 만들어지는 대상인 캠페인의 결과도 다양성을 전제로 해야 합니다. 물론 자신의 생각도 존중해야 합니다. 남들이 몰라준다고 섭섭해하거나, 작은 아이디어라고 부끄러워할 필요는 없습니다. 단지 생각의 결이 다를 뿐이니까요. 나의 생각과 다른 이들의 생각을 존중하고, 세상 사람들의 다양성을 존중하는 바탕 위에 설 때 크리에이티브는 세상을 제대로 보여 주고 사람들의 마음을 움직일 수 있습니다.

2024년 파리 올림픽 개막식을 보셨나요? 악천후 속에서도 전례 없는 새로운 시도를 선보인 개막식이었습니다. 센강을 따라 도시 곳곳으로 장소를 옮겨 가며 여러 퍼포먼스가 펼쳐졌습니다. 출연자들의 모습은 이전 올림픽 개막식과는 사뭇 달랐습니다. 다양성을 웅변하듯 자신감과 자부심으로 가득한 그들의 모습은 파리 올림픽을 인류 평화의 제전으로 기억되게 했습니다. 이 개막식은 2025년 칸 라이언즈에서 옥외 부문 그랑프리를 비롯해 다섯 개의 사자 트로피를 거머쥐었습니다.

2024 파리 올림픽의 '2024년 파리 올림픽 개막식'

배경

2024년 파리 올림픽 개막식은 인간 존엄성과 공동의 가치를 수호해 온 프랑스의 지속적인 사명을 바탕으로 기획되었습니다. 세계가 점점 더 양극화되는 상황에서, 프랑스가 역사적으로 추구해 온 '자유, 평등, 박애'는 전 세계에 울림을 줄 수 있는 강력한 서사를 제공한다고 생각했습니다. 개막식을 경기장이라는 폐쇄된 공간이 아닌 파리의 중심부에서 개최함으로써, 이러한 추상적 원칙들을 모두가 체험할 수 있는 구체적 실체로 전환했습니다. 프랑스의 문화유산과 혁명 정신을 상징하는 도시의 대표적 랜드마크들은 국가적 사명을 전달하는 이야기의 무대이자 주체가 되었습니다.

아이디어

이번 개막식은 올림픽 개막식의 개념 자체를 재정의하며, 경기장을 벗어나 파리 한가운데로 들어갔습니다. 센강 6킬로미터 구간을 무대로 변신시켜 프랑스의 핵심 가치인 '자유, 평등, 박애'를 구현한 몰입형 경험을 만들었습니다. 12개의 장면은 각각 프랑스가 지닌 포용성과 인간 존엄성에 대한 헌신을 기념하도록 설계되었으며, 성평등을 드러내고 다양한 사랑의 형태를 존중하며 다문화 정체성을 축하하는 내용으로 구성되었습니다. 단순한 공연을 넘어, 프랑스 공화정 정신을 드러낸 진정한 표현이었습니다.

전략

전 세계가 단절과 분열을 겪는 시기입니다. 인권의 발상지인 프랑스의 유산을 바탕으로, 교육적 훈계가 아닌 아름다움·예술·축제를 통해 보편적 원칙을 다시 일깨우는 경험을 설계했습니다. 모든 요소는 예술적 장관과 프랑스 특유의 포용 철학 사이에서 균형을 이루었고, 이는 단순한 구호가 아닌 프랑스 사회가 실제로 살아가는 방식으로 표현되었습니다. 진정성 있는 프랑스식 접근은 전 세계 관객의 공감을 불러일으켰고, 광범위한 미디어 보도로 이어졌습니다.

실행

12개의 장면을 통해 센강을 따라 프랑스의 포용 메시지를 전달했고, 각 장면은 다양한 가치에 대한 대화를 유도하도록 설계되었습니다. 퐁뇌프에서의 레이디 가가 공연은 프랑스 문화와 전 세계 관객을 연결했고, 콩시에르주리에서 펼쳐진 드래그 퍼포먼스는 다양성을 드러냈습니다. 다문화 댄스 퍼포먼스는 평등에 대한 헌신을 표현했으며, 트로카데로에서 열린 피날레는 강력한 연대의 메시지를 전하며 개막식을 마무리했습니다. 총 3500명의 퍼포머와 400명의 곡예사 및 무용수가 참여했고, 파리 전역의 기념비적 장소를 무대로 전환하는 대규모 행사였습니다.

성과

32만 명이 센강 변에서 직접 개막식을 체험하며 올림픽 경험의 민주화를 이뤘습니다. 전 세계 20억 명이 파리의 도시 공간이 이야기를 전하는 무대로 변모하는 장면을 지켜봤습니다. 《가디언》은 "포용적인 프랑스의 모습을 투영한 장관"이라 평가했고, 《엘 파이스(El País)》는 "기억에 남을 가장 대담한 개막식"이라 표현했습니다. IOC 조사에서는 시청자의 88퍼센트가 개막식을 높게 평가했고, 76퍼센트는 가장 인상 깊은 개막식으로 꼽았습니다.

다수의 소수 문화

현재 LIA(London International Awards, 런던 국제 어워드) 회장인 테리 새비지는 2018년까지 15년 동안 칸 라이언즈 회장을 지냈습니다. 그는 한동안 가을쯤에 한국을 방문하곤 했는데, 2016년에는 국내 여러 회사를 찾아 강연을 했습니다.

칸 라이언즈와 수상 캠페인을 세 가지 키워드로 소개했는데, 첫 번째로 꼽은 키워드가 바로 '다양성'이었습니다. 업계에서 영향력 있는 인사들과 교류하고 업계 최고의 크리에이티브 축제를 관장하는 인물이 가장 중요하게 강조한 키워드라는 점에서 충분히 주목할 만합니다.

      2022년 칸 라이언즈 공식 리포트에 따르면, 2021년 수상작에서 여성이나 유색 인종을 표현하는 비율은 2016년 대비 30퍼센트 증가했습니다. 하지만 이제 그들을 이야기하고 대변하는 것만으로는 충분하지 않다고 지적합니다. 한 발 더 나아가 우리 업계가 이익을 공유하고 경제적 형평성을 높이기 위해 구체적인 조치를 취해야 하며, 다양성에 대해 더 심층적이고 다차원적으로 접근해야 한다는 것입니다. 소외되거나 무시되어 왔던 커뮤니티에 실질적 혜택을 줄 수 있는 새로운 방법을 만들어야 한다고 강조합니다.

      이러한 다양성에 대한 논의와 행동은 인류 공동선을 위한 윤리적 차원에서만 강조되는 것이 아닙니다. 오히려 브랜드가 소비자와 함께 생존하고 성장하기 위해 반드시 갖추어야 할 필수 요소로 자리 잡고 있습니다. 최근 많은 브랜드가 ESG를 내세우는 흐름 속에서, 마케터들 역시 현장에서 그 중요성을 체감하고 있습니다.

여러 리포트들도 이 당위를 뒷받침합니다.
마케터들을 위한 분석 자료를 발행하는 WARC는 2020년
'흑인 생명 존중 시대의 브랜드 액티비즘 가이드'를
발표했습니다. 이 리포트는 미국이 '다수의 소수(majority-minority) 문화'로 이동하고 있다고 진단합니다. 백인이
여전히 인구 과반을 차지하지만 비율이 점차 줄어들고
있으니, 마케터들이 더 이상 백인 문화를 기본값으로
삼아서는 안 된다는 것입니다. 2060년이면 미국 인구에서
소수 인종을 합한 비율이 56.4퍼센트에 이를 것이라는 전망을
바탕으로 한 주장입니다. WARC는 이러한 흐름이 미국에만
해당하는 것이 아니라 전 세계적으로 적용될 수 있다는 점에
주목해야 한다고 경고합니다.

    그렇다면 이 흐름은 인종 문제에만 국한될까요? 다른
다양성 이슈들도 '다수의 소수'라는 방향으로 나아가고 있지
않을까 싶습니다.

포용:

모두가 행복할 수

있기를

다양성에서 한 발 더

다양성에 대한 사회적 관심은, 이제 존재 자체에 대한 존중을 넘어 어떻게 함께 참여하고 함께 잘 살아갈까에 대한 고민으로 확장되고 있습니다. 어느새 다양성만 따로 말하기보다 형평성(Equity), 포용성(Inclusion)과 함께 이야기하고 있죠.

인종, 성별, 나이, 장애, 성적 지향 등의 다름을 인정하는 것만으로는 충분하지 않기 때문입니다. 형평성은 서로 다른 사람들이 각자의 출발점에 맞게 공정한 기회와 자원을 차등적으로 제공받을 수 있어야 한다는 점을 말합니다. 포용성은 더 나아가 소속감을 느끼고 자신의 목소리를 낼 수 있어야 한다고 이야기합니다. 특히 장애인은 신체적·사회적 장벽으로 인해 고립되기 쉬운 만큼, 포용의 실현은 필수적입니다.

실제로 칸 라이언즈에서는 최근 몇 년간 장애인 관련 포용성에 중점을 둔 캠페인들이 수상작으로 선정되고 있습니다. 2024년 영상 부문 은사자상을 수상한 카페 조이외(Café Joyeux)의 〈47〉이라는 6분 33초짜리 클레이 애니메이션은 다운 증후군을 가진 한 인물의 삶을 추적합니다. 어린 시절 농구장에서도, 성인이 되어 무도회장에서도 사람들은 "너는 아니야!"라고 이야기합니다. 어렵게 얻은 레스토랑 일자리는 청소 도구를 들고 뒷문으로 드나들 수밖에 없는 자리뿐입니다. 절망에 빠져 있는 그에게 누군가 다가와 네커치프를 건네주었습니다. 드디어 그에게 홀에서 서빙하는 정식 일자리가 주어진 것입니다. 이 사람, 로버트는 47세에 첫 직장을 얻었습니다. 이 캠페인은 다양성 논의가 왜 포용성을 다루어야 하는지 잘 보여 줍니다. 다운 증후군 환자는 허드렛일만 할 수 있는 것이 아니라 무도회의 주인공이 될 수도, 레스토랑의 제대로 된 일자리를 멋지게 해낼 수도 있다고 이야기합니다. 영상의 엔딩 크레디트에는 음악과 사운드 디자인 작업을 다운 증후군을 가진 사람들이 맡아 이 감동적인 영상을 완성했음을 보여 줍니다.

  2023년에는 버진 그룹(Virgin Group)이 '난독적 사고(Dyslexic Thinking)' 캠페인으로 티타늄상을 수상했습니다. 이 캠페인은 난독적 사고가 시각화, 소통, 추론, 연결, 탐색 등 여러 장점이 있다고 이야기하고, 링크드인(LinkedIn)에 '난독적 사고'를 보유 기술(Skills)로 등록할 수 있도록 했습니다. 채용에까지 연계하기도 했고요. '난독증'이라 부르며 장애로, 부정적으로 바라보는 시각에서 벗어나 하나의 역량으로 인식할 수 있음을 보여 줬습니다. 채용과 교육에 대한 접근 방식을 달리할 수 있다는 메시지를 던졌습니다. 이 캠페인도 다양성에 대한 생각이 어떻게 포용성으로 확장되는지 잘 보여 준 사례입니다.

 2025년에는 영상 산업의 포용성에 역사적인 진전이 있었습니다. 오스카상을 주최하는 미국 영화예술과학아카데미(Academy of Motion Picture Arts & Sciences)가 랴키시 엔터테인먼트(Rakish Entertainment)와 함께 '감정 담은 자막(Caption with Intention)'을 만들었습니다. 배우의 감정을 전달하는 데 중요한 요소인 소리의 고저, 강약, 장단을 자막에 적용해 청각 장애인들도 그 감정을 고스란히 느낄 수 있게 했습니다. 오스카상 출품작의 공식 규정에 포함되면서 향후 확산이 기대됩니다.

 이 작품은 2025년 칸 라이언즈에서 무려 세 개의 그랑프리를 휩쓸었습니다. 작품 설명이 좀 길긴 하지만, 책의 첫머리에서 약속드린 것처럼 가급적 더하지도 빼지도 않고, 그들이 어떻게 설명했는지를 그대로 보여 드립니다.

미국 영화예술과학아카데미의 '감정 담은 자막'

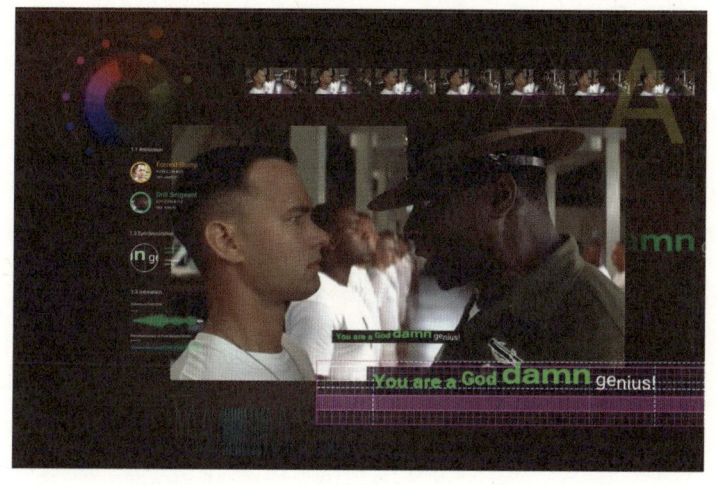

배경

'감정 담은 자막'은 영화의 예술성과 과학을 포용적이고 공정하며 전 세계적으로 공감할 수 있는 방식으로 발전시키려는 아카데미의 핵심 목적을 직접적으로 뒷받침하는 프로젝트입니다. 아카데미는 다양성과 포용성 기준의 일환으로, 이 시스템을 단순한 접근성 도구가 아닌 업계 전체에 책임을 요구하는 촉매제로 삼았습니다. 오스카

제출 규정에 이 시스템을 포함해 아카데미는 새로운 사회적 책임 기준을 설정했습니다. 접근성이 영화 제작의 기초적인 요소가 되도록 보장하고, 사후 고려 사항이 아닌 필수 요소로 자리매김하게 했습니다.

  라키시 엔터테인먼트는 사회적 메시지를 담은 스토리텔링에 오랜 시간 노력해 온 제작사로, 이번 프로젝트의 공동 파트너로 참여했습니다. 라키시는 접근성이 기술적으로 도전적이면서도 예술적으로 강력할 수 있음을 보여 줬습니다. 파트너들은 함께 엔터테인먼트 생태계 전반에 걸쳐 포용성을 구체적이고 지속 가능하며 가시적으로 만들었습니다.

아이디어

영화는 감정과 뉘앙스의 깊이를 더해 가며 진화해 왔지만, 자막은 오랫동안 정적인 방식에 머물러 있었습니다. 감정 담은 자막은 전 세계 4억 3300만 명의 청각 장애인과 난청인을 위해 자막을 재해석해, 영화와 TV를 더 풍부하고 감성적으로 경험할 수 있게 합니다.

  이 시스템은 자막을 반응형 디자인 언어로 재구성했습니다. 단어 단위 동기화 애니메이션,

감정·음량·분위기를 반영하는 크기와 굵기의 변화가 적용된 타이포그래피, 즉각적인 화자 인지를 위한 색상 코딩 텍스트입니다. 모든 디자인 선택은 감정의 진실성을 유지하면서도 명료성과 가독성을 극대화하기 위해 이루어졌습니다. 신중히 선정된 가변 글꼴을 중심으로, 시스템은 배우의 연기에 맞춰 '숨 쉬듯' 반응하며, 단순히 무엇을 말하는지뿐 아니라 어떻게 말하는지까지 전달합니다.

　　이 시스템은 청각 장애 및 난청 커뮤니티뿐 아니라 영화 제작자들에게도 새로운 시각을 제공합니다. 단순한 기능 향상을 넘어, 공감과 서사를 디자인으로 연결하는 새로운 영화 언어를 제시합니다.

전략

전략은 한 난청 디자이너의 통찰에서 출발했습니다. "영화는 감정적으로 복잡해졌지만, 자막은 그대로다." 이 말은 전 세계 4억 명이 넘는 청각 장애인을 충분히 대변하지 못하는 현재 자막 시스템의 한계를 지적한 것이었습니다. 시카고 청각 협회와의 파트너십을 통해 화자 식별, 동기화, 감정 표현 부족이라는 세 가지 핵심 문제를 도출했습니다. 이 과정은 10개월간의 커뮤니티 테스트와 공동 제작을 통해 이루어졌습니다.

그러나 기술을 개선하는 것만으로는 시스템 변화를 만들 수 없었습니다. 제도적 영향력이 필요했고, 그 역할을 아카데미가 맡았습니다. 아카데미는 포용적 혁신을 지지하고, 스튜디오와 창작자, 전 세계 관객과의 관계를 강화할 기회로 이 프로젝트를 채택했습니다.

실행

감정 담은 자막은 자막의 기능을 근본적으로 재설계해, 자막을 동기화되고 표현력 있으며 영화적인 시스템으로 탈바꿈시켰습니다. 오디오와 밀리초 단위까지 일치하는 단어 단위 동기화 애니메이션, 음정·음량·감정을 반영하는 크기와 굵기의 변화를 적용한 가변형 타이포그래피, 화자를 즉각적으로 인지할 수 있는 색상 코딩 텍스트 등 각 요소는 정밀하게 설계되었습니다. 자막은 표현력이 있으면서도 산만하지 않도록 설계되었습니다. 각 단어에는 15퍼센트 비율의 팝 애니메이션이 적용되었고, 전달 방식에 따라 글꼴이 미묘하게 변해 말투와 감정을 드러냈습니다. 색상은 캐릭터 간 구분과 감정 대비를 모두 고려해 기능성과 서사성을 동시에 확보했습니다.

　　기존 자막 인프라로는 이 시스템을 구현할 수 없었기에, 어도비 애프터 이펙트 등을 활용한 수작업 제작과 AI 기반 자동화를 위한 오픈 소스 프레임워크 개발, 두 가지 방식이 병행되었습니다. 덕분에 극장, 스트리밍, 디지털 플랫폼 등 다양한 채널로의 확산이 가능해졌습니다.

　　감정적 충실성과 정확성을 확보하기 위해 시카고 청각 협회와 협력해 10개월간 테스트를 진행했습니다. 대면 세션과 디지털 자극 기반 설문을 통해 애니메이션 타이밍, 화자 식별력, 가독성을 검증했으며, 수십 가지 자막 버전을 수상 경력이 있는 영화 장면에 적용해 검토했습니다. 이후 아카데미와 협업해 업계 주요 채널에 전략적으로 공개했고, 오스카 2026 출품 규정집에 포함되면서 단순한 솔루션을 넘어 영화 접근성의 새로운 표준으로 자리 잡게 되었습니다.
이는 단순한 자막 오버레이나 플러그인이 아닌, '포용'을
디지털 크래프트로 구현한 전면적 재창조였습니다.

성과

감정 담은 자막은 접근성의 시각 언어를 새롭게
정의했습니다. 오스카 2026 출품 규정집에 공식 포함되면서
모든 출품 영화에 적용되는 표준 시스템으로 자리 잡았고,
업계 전반의 도입을 이끌었습니다. 아카데미 과학기술상을
수상하며 접근성과 포용성, 기술적 기여를 인정받기도
했습니다. 현재 넷플릭스, 디즈니, 루카스필름 등 주요
스튜디오가 도입해 스트리밍 서비스에 적용하고 있으며,
196개 언어를 지원하도록 확장 개발되었습니다.

성장 전망

아카데미의 공식 규정에 포함되면서, 감정 담은 자막은 향후
1년 안에 영화 산업 전반에 폭넓게 도입될 것으로 예상됩니다.
주요 스튜디오와 아카데미 소프트웨어 재단의 지속적인
협업을 통해, 이 시스템은 곧 극장과 가정 모두에서 사용할 수
있는 표준 선택지가 될 것입니다. 이는 지금까지 소외되었던

전 세계 수억 명에게 더 포용적인 영화 경험을 제공하는 전환점이 될 것입니다.

칸의 DEI

2025년 6월, 예년처럼 칸 라이언즈에서 한 세미나를 들으려 뤼미에르 극장에 들어갔습니다. 꽤 인기 있는 세미나여서 일찍 줄을 섰고 시작 시간보다 조금 일찍 입장했습니다. 1층 왼쪽 무대 앞에 자리를 잡았는데, 무대 위에 한 사람이 서 있었습니다. 수화 통역사였습니다. 아직 세션이 시작되기 전이라 무대 아래 스태프와 이런저런 대화를 나누고 있었는데, 수화를 알지 못하는 저로서는 내용을 이해할 수 없었지만, 자신감 넘치는 몸짓과 다양한 표정이 무척 인상적이었습니다.

언젠가부터 칸 라이언즈의 모든 세미나와 시상식 현장에는 수화 통역사들이 무대 양쪽에 자리하고 있습니다. DEI(Diversity·Equity·Inclusion, 다양성·형평성·포용성)에 관심을 두고 여러 측면에서 실질적인 변화를 실행해 나가는 모습 중 하나입니다.

이러한 변화는 출품 과정에서도 확인됩니다.

출품서(Entry Form)에 포함되는 캠페인 설명 자료(Written Explanation) 항목이 매년 조금씩 달라지고 있습니다. 2023년에는 '카메라 뒤에서' 참여하는 팀의 구성과 클라이언트 또는 대행사의 DEI 관련 정보를 제공하도록 권장했습니다. 첫해에는 필수 입력 자료가 아니어서 심사에 반영되지는 않았지만, 향후 심사 기준 마련에 도움을 주기 위한 것이라는 설명이 있었습니다.

2024년에는 한 걸음 더 나아가 심사 위원단이 지속 가능성 및 DEI 질문에 대한 답변을 볼 수 있도록 했습니다. 이를 통해 해당 분야에서 성과를 이룬 사람들이 자신의 경험을 공유하고, 심사 과정에서 토론의 계기가 마련될 수 있기를 바란다고 하면서 말이죠. 즉 심사에도 영향을 미칠 수 있는 항목이 된 것입니다.

2025년에는 포용성과 관련된 카테고리가 신설되었습니다. 디자인 부문에는 포용성을 우선시하는 디자인을 평가하는 '포용성 디자인(Inclusive Design)' 카테고리가, 디지털 크래프트 부문에는 시각 장애인을 위한 정보 전달 기법을 평가하는 '이미지 설명의 우수성(Excellence in Image Description)' 카테고리가 추가되었습니다.

다소 방향은 다르지만 이와 연관된 개편도 있었습니다. 기존에 성 불평등과 편견에 집중하던 글라스 부문이 성별을 넘어 장애, 인종, 성, 사회적 불평등 등 다양한 문제를 포괄하는 부문으로 확장되었습니다. 최근 DEI 관련 수상작들이 기존의 인종 차별, 성차별 중심에서 장애, 사회적 불평등으로 중심이 옮겨 가고 있는 흐름과도 맞닿아 있습니다.

지속 가능성:

우리는 함께

생존할 수 있을까

인류 생존을 위한 크리에이티브

지구가 위기라고 합니다. 점점 더 자주, 더 극단적으로
발생하는 폭염과 폭우, 산불과 홍수가 이제 낯설지 않습니다.
해변은 플라스틱 쓰레기로 뒤덮이고, 공기와 물, 토양의
오염은 자연이 감당하기 어려운 지경에 이르렀습니다. 사라져
가는 곤충과 작은 동물들은 느슨해지는 생태계의 고리를
걱정하게 만듭니다. 생태계의 정점에 있는 인간에게도 위기는
점점 다가오고 있습니다.

지속 가능성은 지구의 위기에 대한 이야기일까요?
지구는 수억 년 동안 수많은 격변을 겪어 왔습니다. 공룡을
멸종시킨 대격변 이후에도 지구는 여전히 생명을 품은 별로
남아 있습니다. 지금의 위기는 지구의 위기가 아니라, 지구
위에서 살아가는 인류의 위기입니다. 따라서 지속 가능성은
인류가 지속 가능할지, 생존할 수 있을지에 관한 질문입니다.

지속 가능성에 대한 논의는 단지 환경 보존에 머물지
않습니다. 사람들이 안전하게 살아가고, 서로를 존중하며,
더 풍요롭고 평화롭게 공존하는 방법을 찾는 데 있습니다.
크리에이티브는 언제나 사회의 관심사를 드러내고, 사람들의
생각과 행동을 바꾸는 데 힘을 보태 왔습니다. 그렇다면 인류

생존의 위기 앞에서도 크리에이티브가 힘을 발휘해야 합니다.

실제로 많은 브랜드와 기관들이 지속 가능한 솔루션으로 변화를 만들어 가고 있습니다. 자연의 소리를 아티스트로 등록해 저작권 수익을 자연 보존 기금으로 활용한 스포티파이의 '소리 저작권', 점자 블록에 세로선을 추가해 시각 장애인이 상점 등을 찾아갈 수 있도록 안내한 솔 시멘트의 '사이트워크', 외딴 지역 주민들에게 차량을 무료 대여해 직업 기회를 열어 주면서 새로운 시장도 창출한 르노의 '통근용 자동차' 같은 사례들입니다.

지속 가능성은 브랜드가 살아남기 위한 조건이자, 공동체가 존속하기 위한 기반입니다. 우리가 어떻게 서로를 대하고, 어떻게 함께 살아갈 것인지를 묻는 질문입니다. 크리에이티브는 그 질문에 답을 찾는 여정에서 반드시 함께해야 할 동반자입니다.

2025년 칸 라이언즈의 지속 가능한 발전 목표 부문에서 가장 탁월한 솔루션으로 선정된 작품은 나투라(Natura)의 '아마존 그린벤토리(Amazon Greenventory)' 프로젝트였습니다. '지구의 허파'라 불리는 아마존 삼림에서 화장품 원료를 공급받는 나투라는, 삼림을 훼손하지 않으면서 모두에게 도움이 되는 방식을 찾았습니다.

나투라는 드론과 AI를 활용해 광활한 숲에서 화장품 원료가 되는 열매들을 정밀하게 매핑(Mapping)했습니다. 이 데이터를 통해 지역 주민들은 정확한 열매 위치를 파악하고 효율적으로 작업할 수 있게 되었습니다. 그 결과 숲은 덜 파괴되고, 지역 주민들의 수입은 늘었으며, 나투라는 원료를 안정적으로 공급받을 수 있었습니다. 숲과 지역 주민, 그리고 브랜드 모두에게 지속 가능한 솔루션을 만들어 냈습니다.

나투라의 '아마존 그린벤토리'

배경

나투라의 브랜드 철학은 지속 가능한 아름다움을 추구하고 자연과의 조화로운 관계를 지향합니다. 이러한 철학은 회사의 핵심 가치와 미션에 깊이 새겨져 있으며, 책임 있는 혁신을 이끌고 모든 제품과 활동에 생태적·사회적 지속 가능성을 반영하도록 합니다. 나투라는 윤리적인 원료 조달을 우선시하면서 지역 공동체를 경제적·사회적으로 지원할 뿐 아니라 그들의 문화유산도 함께 보존합니다.

아이디어

나투라는 아마존에서 수익을 내려면 반드시 산림을 파괴해야 한다는 오해에 도전했습니다. AI와 드론 기술을 활용해 아마존 생물 다양성에 대한 이해와 활용 방식을 전환했습니다. 아마존 역사상 가장 규모가 큰 삼림 조사 작업을 수행해, 6개월 만에 400평방킬로미터를 매핑했습니다. 기존 방식으로는 25년이 걸릴 작업이었습니다.

이를 통해 화장품 원료로 활용 가능한 나무를 더 많이 발견할 수 있었고, 벌목 대신 과실 수확 구역을 확대할 수 있었습니다. 나무를 베는 것보다 그대로 두는 편이 더

큰 수익을 가져다주게 되었습니다. 이 사례는 지속 가능한 수익이 파괴가 아니라 혁신을 통해 가능하다는 점을 보여줍니다. 나아가 기술은 지역 공동체의 수확 방식을 변화시켜 소득 향상을 도왔습니다.

전략

나투라의 전략은 소비자 행동과 문화적 인사이트에 기반하고 있습니다. 소비자와 지역 공동체라는 두 핵심 집단의 요구를 모두 고려했습니다. 지속 가능성에 대한 관심이 높아지고 있지만, 동시에 지역 공동체가 자원을 지속 가능한 방식으로 활용할 수 있도록 돕는 것 역시 중요하다는 사실을 확인했습니다.

나투라는 오래전부터 지속 가능성에 대한 진정성 있는 행동을 이어 왔으며, 이번 프로젝트를 통해 그 영향력을 더욱 강화하고자 했습니다. 새롭게 접근한 결과, AI와 드론 기술을 지역 공동체의 지식과 융합하는 혁신적인 방식이 가능해졌습니다.

이 전략은 소비자와 지역 공동체 모두에게 지속 가능한 실천에 동참할 것을 권유합니다. 소비자는 이 프로젝트를 지지함으로써 아마존 보존에 기여할 수 있고,

지역 공동체는 더 나은 생산성과 소득을 위한 정보를 얻을 수 있어 모든 이해관계자에게 지속 가능한 미래가 열리게 됩니다.

<u>실행</u>

나투라의 매핑 프로젝트는 소비자, 임직원, 지역 공동체 모두에게 깊은 영향을 미쳤습니다. 아마존 농산물 채집 공동체를 적극적으로 참여시켜 협력적 환경을 조성했고, 공동체 구성원에게 책임감과 자부심을 부여했습니다. 지속 가능한 방식으로 수확한 제품은 소득 증대로 이어져 삶의

질을 높였고, 공동체 간 협업 또한 촉진되어 환경 보호와 지속 가능성에 대한 공동의 의지를 강화했습니다. 이 프로젝트는 사회적·환경적 목표와 비즈니스 목표가 자연스럽게 합치될 수 있음을 보여 줬습니다.

성과

나투라의 프로젝트는 지속 가능성 목표에 부합하는 탁월한 성과를 창출했습니다. 총 40만 평방킬로미터에 달하는 지역을 조사했는데, 기존 방식보다 200배 빠른 속도였습니다. 이 과정에서 화장품 원료로 활용할 수 있는 나무 3만 그루가 새롭게 등록되었습니다.

약 1만 가구가 프로젝트에 참여했고, 44개 공동체에서 총 4만 6000명이 혜택을 받았습니다. 이러한 성과는 공동체의 참여 의지를 높였을 뿐 아니라, 나투라를 지속 가능성 리더로 인식하게 해 브랜드 이미지 강화에도 기여했습니다. 장기적으로는 2030년까지 300만 헥타르의 산림 보존이 가능한 기반을 마련했습니다.

이러한 결과는 환경에 관심이 많은 소비자층의 행동 변화를 이끌었고, 브랜드 인지도와 선호도 향상으로 이어졌습니다. 종합적으로, 나투라의 활동은 브랜드 건강 지표를 향상하는 동시에, 지속 가능성과 사회적 책임에 대한 진정성을 입증하며, 미래 성장과 수익성의 토대를 마련했습니다.

지속 가능한 발전 목표 부문

2016년 6월 24일, 칸 라이언즈가 열리고 있던 뤼미에르 극장 무대 뒤에는 광고계 거물들이 모여 있었습니다. WPP, 옴니콤, IPG, 하바스, 퍼블리시스 등 세계 6위권 광고 그룹 회장들이 모두 자리를 했고, 덴츠 회장은 영상 메시지로 참여했습니다. 누가 이 무대의 주인공이었기에 이 거물들이 무대 뒤에서 대기하고 있었을까요?

잠시 후 반기문 당시 UN 사무총장이 무대에 올랐습니다. 반 총장은 UN의 '지속 가능 발전 목표(Sustainable Development Goals, SDGs)'를 전 세계 광고인들에게 알리고 확산시키기 위해 칸을 찾았습니다. 반 총장은 광고인들에게 '브리프'를 주러 왔다면서 인류의 지속 가능한 미래를 위해 함께해 달라고 요청했습니다.

기조연설이 끝난 뒤 무대 뒤에서 대기하던 회장들이

무대 위로 나와 좌담을 이어 갔습니다. 하바스의 야니크 볼로레(Yannick Bolloré) 회장은 청정에너지에 관심을 표하며 미디어와 협력해 캠페인을 펼치겠다고 약속했고, IPG의 마이클 로스(Michael Roth) 회장은 물 부족 해결과 물 접근성 확대에 힘쓰겠다고 했습니다. 옴니콤의 존 렌(John Wren) 회장은 교육 기회의 평등 확대를, 퍼블리시스의 모리스 레비(Maurice Lévy) 회장은 프랑스인답게 음식을 다루겠다며 기아 문제에 관심을 보였습니다. 이 무대를 주관한 WPP의 마틴 소렐 경(Sir Martin Sorrell)은 성 다양성과 평등이 지속 가능한 발전의 전제 조건이라며 동참을 호소했습니다. 좌담을 마치고 퇴장하는 반 총장을 향해 극장을 가득 메운 2000여 명의 관객이 보냈던 열렬한 기립박수가 아직도 기억에 생생합니다.

그리고 2년 뒤인 2018년, 칸 라이언즈에는 마침내 '지속 가능한 발전 목표 부문'이 신설되었습니다. 17개 목표는 빈곤·기아·평등 등을 포함한 사람(People), 기후 변화·에너지·생태계를 포함한 지구(Planet), 경제 성장·인프라스트럭처를 포함한 번영(Prosperity), 평화·정의를 다룬 평화(Peace), 그리고 목표를 향한 협력(Partnership)의 5개 영역으로 구분되었습니다.

이 부문의 시상식은 매년 칸 라이언즈의 마지막 날에 열립니다. 주인공은 마지막에 등장하는 법이니까요. 필름, 티타늄, 글라스 부문과 더불어 지속 가능한 발전 목표 부문 역시 칸 라이언즈의 하이라이트인 셈입니다. 인류의 지속 가능한 발전을 위한 솔루션들이 매년 칸의 무대를 빛내고 있습니다.

하지만 새로운 솔루션을 만드는 일은 결코 쉽지 않습니다. 첫해인 2018년에는 898개 출품작 중 29개가 수상했는데, 2025년에는 481개 출품에 16개 수상작만이 선정되었습니다. 아무래도 심사 위원들이 다른 부문에 비해 더욱 실질적인 솔루션이 되는지, 지속 가능한 크리에이티브인지에 대해 꼼꼼히 평가하는 것 같습니다.

출품작 수가 줄어든 것을 보면, 칸 무대에 모였던 회장들이 그날의 약속을 예전만큼 무겁게 여기지 않는 것인지도 모르겠습니다. 그럼, 우리가 해보면 어떨까요? 아직 대한민국은 이 부문에서 본상 수상 기록이 없으니, 도전해 보는 것도 좋겠습니다.

사랑:

크리에이티브를 사랑하세요,
　　　인생을 사랑하세요

세계 최초의 국제 영화제는 1932년 열린 '베니스 국제 영화제(Venice Mostra)'였습니다. 6회째였던 1938년, 나치 선전 영화와 이탈리아 영화가 최고의 영예인 '무솔리니 컵(Mussolini Cup)'을 수상하자 회원국들이 반발해 탈퇴했고, 새로운 영화제를 추진하게 되었습니다. 베니스만큼의 권위를 세우기 위해 여러 후보지를 검토한 끝에 칸이 개최지로 결정되었습니다. 하지만 전쟁의 포화 속에서 발생한 복잡한 국제적 문제들로 인해 결국 1946년이 되어서야 처음으로 '칸 국제 영화제'가 열립니다.

이 영화제를 지켜보던 극장 광고 제작자들은 자신들도 영화 제작자들과 같은 인정을 받아야 한다고 생각했습니다. 이 생각이 SAWA(Screen Advertising World Association)의 국제 광고제 설립으로 이어졌습니다. 첫 번째 광고제는 첫 영화제가 열렸던 베니스에서 1954년 9월에 개최되었습니다. 14개국에서 187편이 출품되었고, 130명이 참석했습니다. 두 번째 행사는 몬테카를로에서, 세 번째는 칸에서 열렸습니다, 이후 베니스와 칸에서 번갈아 가며 열리다가 1984년에 비로소 칸이 영구적인 개최지로 확정됩니다.

첫 개최지가 베니스였던 만큼 칸 국제 광고제의 초기

트로피에는 베니스의 흔적이 짙게 남아 있습니다. 베니스의 산 마르코 광장에 있는 대성당에는 수호성인 산 마르코의 유해가 안치되어 있고, 입구 꼭대기에는 산 마르코를 상징하는 날개 달린 사자가 있습니다. 이 사자를 본떠 만든 것이 칸 국제 광고제의 초기 트로피였습니다. 하지만 개최지가 칸으로 바뀌면서 베니스의 상징을 더는 사용할 수 없게 되었고, 파리의 장인이 현재의 트로피 모양으로 새로 제작했습니다.

     그래도 칸 라이언즈에는 여전히 초기의 유산이 남아 있습니다. 매년 업계에 공헌한 인물을 선정해서 공로상을 주는데요, 이 상의 이름이 바로 '세인트 마크 상(Lion of St. Mark)'입니다. '산 마르코 상'이죠. 이 상의 트로피는 초기 트로피와 같은 날개 달린 사자 모양입니다. 2024년에는 프랑스 광고계의 선구자이자 하바스(Havas)의 공동 부회장

겸 CCO(Chief Creative Officer)인 자크 세구엘라(Jacques Séguéla)가 이 상을 받았습니다.

세구엘라는 25세에 약학 박사가 되었지만, 곧 그 길이 자신에게 맞지 않음을 깨닫고 세계 일주에 나섰습니다. 이후 잠시 기자로 활동하다가 베르나르 루(Bernard Roux)와 함께 에이전시 '루 세구엘라(Roux Séguéla)'를 설립하며 광고인으로의 경력을 시작했습니다. 60년 넘는 세월 동안 에어프랑스, 애플, 까르푸, 시트로엥, 루이비통,

마이크로소프트 등 수많은 브랜드의 광고를 만들어 왔습니다. 또한 프랑수아 미테랑 대통령의 선거 캠페인을 성공적으로 이끄는 등 정치 커뮤니케이션 분야에서도 명성을 쌓았습니다. 1975년 처음 칸을 찾은 이후 50차례나 칸 라이언즈에 참석했다고 합니다.

  세인트 마크 상 수상자는 칸 라이언즈의 마지막 날 무대에서 강연을 합니다. 이 자리에서 세구엘라는 광고 산업의 모든 것이 변했지만, 한 가지만은 변하지 않았다고 말했습니다. 예나 지금이나, 앞으로도 아이디어에 관한 것은 변하지 않는다고 했죠. 그는 돈에는 아이디어가 없지만, 아이디어만이 돈을 만든다면서 아이디어가 없다면 이 업을 떠나라고까지 했습니다. 그러고는 자신의 광고 인생을 바꾼 일화를 소개했습니다.

  달라이 라마가 프랑스에 왔을 때 세 가지 질문을 던졌다고 합니다. "하양의 반대말은?" 모두 "검정"이라고 답했습니다. "낮의 반대말은?" 모두 "밤"이라고 답했습니다. "인생의 반대말은?" 사람들은 "죽음"이라고 답했습니다. 하지만 달라이 라마는 "그 답은 탄생"이라고 했습니다. 이 문답에서 세구엘라는 자신의 일이 브랜드를 죽게 만드는 것이 아니라 영속시키는 것이라는 깨달음을 얻었다고 합니다.

우리의 일이 로고나 자동차를 파는 것이 아니라 브랜드를 파는 것, 브랜드가 살아남도록 하는 것이라고 말이죠.

그는 이렇게 말했습니다. "광고에 베풀면 광고는 당신에게 베풀 것입니다. 광고를 행복하게 만들면 광고는 당신을 행복하게 만들어 줄 것입니다. 광고를 사랑하면 광고는 당신을 사랑할 것입니다." 그러면서 자신의 아내는 아직 자신과 사랑에 빠져 있지만, 자신은 아내 외에 애인이 있다고 덧붙였습니다. 바로 광고입니다.

시상식장에서도 그는 "아이디어를 사랑하세요, 크리에이티브를 사랑하세요, 인생을 사랑하세요"라고 말하고는 "와우, 와우, 와우!"라고 외치며 무대를 휘젓고 다녔습니다. 사랑에 빠진 사람의 유쾌하고 행복한 모습이었습니다. 객석은 환호로 답했고, 시상식장은 광고를 사랑하는 사람들의 열정과 두근거림으로 가득했습니다.

세구엘라에게 광고를 사랑한다는 것은 곧 아이디어를 사랑하는 것이고, 결국 삶을 사랑하는 것과 다르지 않은 듯합니다. 그런데 광고라는 놈이 사랑을 준다고 그 사람을 정말 사랑해 줄까요? 이기적인 그놈은 아무것도 주지 않을지 모릅니다. 매번 애만 태우게 할 수도 있습니다. 그런데 말입니다. 사랑이란 게 원래 그렇잖아요. 모든 것을 쏟아붓게 만들고, 좌절하고 엉엉 울게 만들기도 하지만, 한참 지난 뒤에 돌아보면 그 사랑이 결국 나를 살아 있게 만들어 줬다는 사실을 알게 되죠. 그래서 말입니다.

"크리에이티브를 사랑하세요, 인생을 사랑하세요."

부록 #1:

사례들의 칸 라이언즈 출품과 수상 카테고리

칸 라이언즈에는 좋은 크리에이티브들이 모두 모입니다. 세계 곳곳에서 모인 생각들이 부문을 나누어 경쟁합니다. 많은 심사 위원들이 참여해서 토론하고 수상작을 결정합니다. 아무리 좋은 크리에이티브라 해도 모든 부문에서 수상할 수는 없습니다. 한 부문 내에서도 금사자상을 수상한 카테고리가 있는가 하면 아예 본선에도 오르지 못한 카테고리도 있습니다. 이 카테고리들을 가만히 살펴보면 그 캠페인의 강점을 어떤 부분에서 높게 평가했는지 심사 위원들의 생각을 엿볼 수 있습니다. 여러분이 생각하는 캠페인의 장점과 심사 위원들의 판단을 비교해 보는 것도 좋은 크리에이티브를 바라보는 데 재미를 더해 줄 것입니다.

칸코클라 '재활용해 주세요(Recycle Me)' (2024년)

부문	섹션	카테고리	수상
Film	Online Film: Sectors	Consumer Goods	
Print & Publishing	Culture & Context	Social Behaviour & Cultural Insight	Grand Prix
	Print & Publishing: Sectors	Consumer Goods	
Outdoor	Billboards: Sectors	Consumer Goods	Gold
	Posters: Sectors	Consumer Goods	Bronze
	Culture & Context	Social Behaviour & Cultural Insight	Shortlist
Media	Channels	Use of Outdoor	
Titanium	Titanium	Titanium	
Design	Communication Design	Publications & Editorial Design	
	Communication Design	Posters	
	Communication Design	Promotional Printed Media	
Industry Craft	Art Direction	Brand & Communications Design	Gold
	Art Direction	Print & Publishing	Shortlist
	Art Direction	Outdoor	
	Typography	Brand & Communications Design	

메르카도 리브레 '악수 사냥(Handshake Hunt)' (2024년)

부문	섹션	카테고리	수상
Direct	Direct: Sectors	Travel, Leisure, Retail, Restaurants & Fast Food Chains	Shortlist
	Channels	Use of Broadcast	
	Data & Technology	Use of Real-Time Data	
Media	Media: Sectors	Travel, Leisure, Retail, Restaurants & Fast Food Chains	Grand Prix
	Insights & Media Strategy	Use of Brand or Product Integration into a Programme or Platform	Silver
	Channels	Use of Screens & Audio Visual Platforms	Bronze
Brand Experience & Activation	Brand Experience & Activation: Sectors	Travel, Leisure, Retail, Restaurants & Fast Food Chains	Silver
	Touchpoints & Technology	Use of Mobile & Devices	
	Retail Experience & Activation	Retail Promotions & Competitions	
Entertainment	Branded Content	Brand Integration	
	Partnerships	Brand Partnerships, Sponsorships & Collaborations	
	Community	Audience Engagement/Distribution Strategy	
Creative Data	Creative Data	Data-Driven Targeting	Shortlist
	Creative Data	Creative Data Collection & Research	
	Creative Data	Use of Real-Time Data	
Creative Commerce	Creative Commerce: Sectors	Travel, Leisure, Retail, Restaurants & Fast Food Chains	Silver
	Engagement	Customer Acquisition & Retention	Shortlist
	Channels	Entertainment Commerce	

솔시멘트 '사이트워크(Sightwalk)' (2024년)

부문	섹션	카테고리	수상
Outdoor	Culture & Context	Corporate Purpose & Social Responsibility	Gold
	Innovation in Outdoor	Ambient Outdoor	Silver
	Ambient & Experiential	Special Build	Shortlist
	Culture & Context	Local Brand	Shortlist
Direct	Excellence in Direct	Experience Design	Silver
	Channels	Large-Scale Media	Shortlist
	Culture & Context	Social Behaviour & Cultural Insight	Shortlist
	Culture & Context	Corporate Purpose & Social Responsibility	Shortlist
Media	Culture & Context	Corporate Purpose & Social Responsibility	Gold
	Channels	Use of Outdoor	Shortlist
	Culture & Context	Social Behaviour & Cultural Insight	Shortlist
	Culture & Context	Local Brand	Shortlist
	Culture & Context	Local Brand	Gold
Brand Experience & Activation	Brand Experience & Activation: Sectors	Consumer Services/Business to Business	Shortlist
	Culture & Context	Social Behaviour & Cultural Insight	Shortlist
	Culture & Context	Corporate Purpose & Social Responsibility	Shortlist
Titanium	Titanium	Titanium	
Design	Brand Environment & Experience Design	Wayfinding & Signage	Grand Prix
	Brand Environment & Experience Design	Spatial & Sculptural Exhibitions and Experiences	Bronze
	Communication Design	Data Visualisation	Shortlist
Sustainable Development Goals	Planet	Sustainable Cities and Communities	Gold
	Prosperity	Reduced Inequalities	Shortlist
	Prosperity	Industry, Innovation and Infrastructure	Shortlist

삼성전자 '임펄스(Impulse)' (2024년)

부문	섹션	카테고리	수상
Brand Experience & Activation	Touchpoints & Technology	Use of Mobile & Devices	Bronze
	Touchpoints & Technology	Tech-Led Brand Experience	Shortlist
Design	Digital & Interactive Design	UX, UI & Journey Design	Gold
	Digital & Interactive Design	Digital Design	Shortlist
Innovation	Innovation	Product Innovation	Shortlist
Health & Wellness	Consumer Products Promotion	Health & Wellness Tech	Silver
	Consumer Products Promotion	Health & Wellness Tech	Shortlist
Digital Craft	Technology	Innovative Use of Technology	
	Technology	Native & Built-In Feature Integration	
Sustainable Development Goals	People	Good Health and Well-being	Shortlist

제이씨데코 '마리나 할머니를 만나요(Meet Marina Prieto)' (2024년)

부문	섹션	카테고리	수상
Outdoor	Culture & Context	Single-Market Campaign	Gold
	Culture & Context	Breakthrough on a Budget	Shortlist
Social and Influencer	Social & Influencer: Sectors	Consumer Services/Business to Business	Silver
	Creator & Influencer Marketing	Innovative Use of Creators, Influencers or Celebrities	Bronze
Media	Media: Sectors	Consumer Services/Business to Business	Shortlist
	Channels:	Use of Outdoor	
	Channels	Innovative Use of Influencers/Creators	
	Culture & Context	Single-Market Campaign	
Titanium	Titanium	Titanium	
PR	PR: Sectors	Consumer Services/Business to Business	
	Insights & Measurement	PR Effectiveness	
	Social Engagement & Influencer Marketing	Innovative Use of Influencers/Creators	
	Culture & Context	Single-Market Campaign	
Creative B2B	Creative B2B	B2B Influencer Marketing	Grand Prix
	Creative B2B	Breakthrough on a Budget	Bronze
	Creative B2B	Innovative use of Content	Shortlist
	Creative B2B	Targeting & Engagement	Shortlist

스펙세이버즈 '영문 듣는 버전(The Misheard Version)' (2024년)

부문	섹션	카테고리	수상
Audio & Radio	Innovation in Audio & Radio	Use of Audio & Radio as a Medium	Grand Prix
	Innovation in Audio & Radio	Audio-Led Creativity	
	Excellence in Audio & Radio	Use of Music	Gold
	Excellence in Audio & Radio	Casting & Performance	Shortlist
	Excellence in Audio & Radio	Casting & Performance	
	Audio & Radio: Sectors	Healthcare	Silver
	Culture & Context	Use of Humour	
	Culture & Context	Social Behaviour & Cultural Insight	
Social & Influencer	Social & Influencer: Sectors	Healthcare	Shortlist
	Creator & Influencer Marketing	Innovative Use of Creators, Influencers or Celebrities	Shortlist
	Creator & Influencer Marketing	Creator, Influencer and Celebrity Partnerships	
	Culture & Context	Use of Humour	
PR	PR: Sectors	Healthcare	Grand Prix
	Culture & Context	Use of Humour	Silver
	Social Engagement & Influencer Marketing	Content Creation & Production	Shortlist
	Social Engagement & Influencer Marketing	Innovative Use of Influencers/Creators	Shortlist
Health & Wellness	Health Services & Corporate Communications	Health Services & Facilities	Silver
	Health Services & Corporate Communications	Health Services & Facilities	Shortlist
	Health Services & Corporate Communications	Health Services & Facilities	
	Health Awareness & Advocacy	Brand-Led Education & Awareness	Shortlist
	Health Awareness & Advocacy	Brand-Led Education & Awareness	
	Health Awareness & Advocacy	Brand-Led Education & Awareness	

칸타르트 최초의 식용 마스코트 (The First Edible Mascot)

(2024년)

부문	섹션	카테고리	수상
Brand Experience & Activation	Excellence in Brand Experience	Live Brand Experience or Activation	Grand Prix
	Excellence in Brand Experience	Sponsorship & Brand Partnership	
	Brand Experience & Activation: Sectors	Consumer Goods	
	Culture & Context	Use of Humour	
Media	Culture & Context	Use of Humour	Shortlist
	Culture & Context	Social Behaviour & Cultural Insight	
	Channels	Use of Events & Stunts	
	Media: Sectors	Consumer Goods	
PR	PR: Sectors	Consumer Goods	
	PR Techniques	Use of Events & Stunts	
	Excellence in PR Craft	Sponsorship & Brand Partnership	
	Culture & Context	Use of Humour	
Entertainment	Partnerships	Brand Partnerships, Sponsorships & Collaborations	
	Challenges & Breakthroughs	Use of Humour	
	Entertainment-led Brand Experience	Live Entertainment	
	Community	Audience Engagement/Distribution Strategy	
Creative Strategy	Creative Strategy: Sectors	Consumer Goods	
	Challenges & Breakthroughs	Challenger Brand Strategy	
	Partnerships & Perspectives	Brave Brands	
	Excellence in Creative Strategy	Brand Strategy	
Entertainment for Sport	Challenges & Breakthroughs	Use of Humour	Shortlist
	Partnerships	Brand Partnerships, Sponsorships & Collaborations	
	Sport-Led Brand Experience	Sports Live Experience	
	Community	Fan Engagement/Distribution Strategy	
Titanium	Titanium	Titanium	

낫코 '마요네즈 혐오자들(Mayo Haters)' (2024년)

부문	섹션	카테고리	수상
Film	Culture & Context	Challenger Brand	Shortlist
	Online Film: Sectors	Consumer Goods	
Social & Influencer	Social Insights & Engagement	Audience Targeting/Engagement Strategies	Shortlist
	Social Insights & Engagement	Innovative Engagement of Community	Shortlist
	Culture & Context	Challenger Brand	
	Social & Influencer: Sectors	Consumer Goods	
Direct	Direct: Sectors	Consumer Goods	
	Culture & Context	Challenger Brand	
Brand Experience & Activation	Brand Experience & Activation: Sectors	Consumer Goods	Gold
	Excellence in Brand Experience	Live Brand Experience or Activation	Shortlist
	Culture & Context	Challenger Brand	Shortlist
	Excellence in Brand Experience	Launch/Relaunch	
Creative Strategy	Insights & Research	Audience Insight	
	Partnerships & Perspectives	Brave Brands	
	Challenges & Breakthroughs	Market Disruption	

엑스박스 '일상의 전술가(The Everyday Tactician)' (2024년)

부문	섹션	카테고리	수상
Direct	Data & Technology	Gaming	Grand Prix
Brand Experience & Activation	Touchpoints & Technology	Gaming-Led Brand Experience	Gold
Titanium	Titanium	Titanium	Titanium
PR	PR Techniques	Launch/Relaunch	Silver
Creative Data	Creative Data	Data-Enhanced Creativity	Silver
Entertainment for Sport	Community	Fan Engagement/Distribution Strategy	Silver
	Sport-Led Brand Experience	Esports & Gaming	Shortlist
	Partnerships	Brand Partnerships, Sponsorships & Collaborations	Shortlist
	Partnerships	Partnerships with Sports Talent	Shortlist
	Branded Content for Sport	Brand Storytelling	
	Challenges & Breakthroughs	Innovation in Sport	
Entertainment for Gaming	Gaming-Led Brand Experience	Launch/Relaunch	Grand Prix
	Partnerships	Brand Partnerships, Sponsorships & Collaborations	Silver
	Branded Content for Gaming	Audio-Visual Content	Shortlist
	Gaming-Led Brand Experience	Use of Gaming/Streaming Platforms	Shortlist

P&G '아빠 #집안일은함께(Dads #ShareTheLoad)' (2016년)

부문	섹션	카테고리	수상
Film	Branded Content & Entertainment	Short Fiction Film (under 10 minutes)	Bronze
	TV & Cinema Film	Household Goods, Home Appliances & Furnishings	Shortlist
Social & Influencer	Online Video	Social Video	Shortlist
	Web Campaign	Corporate Image	
	Social	Social Purpose	Bronze
	Social	Social Business	
	Social	Response / Real-time Activity	
	Web Campaign	Fast Moving Consumer Goods	
Direct	Sectors	Fast Moving Consumer Goods	Shortlist
	Craft	Copywriting	
	Use of Direct Marketing	Use of Broadcast	
	Digital & Social	Use of Social Platforms	
Glass	Glass	Glass	Gold
Media	Digital & Social	Use of Social Platforms	
	Branded Content & Entertainment	Use of Branded Content created for Digital or Social Media	
PR	Practices & Specialisms	Content-led Engagement & Marketing	
	Sectors	Fast Moving Consumer Goods	
	Geographies	Multi-Markets Campaigns	
	Practices & Specialisms	Brand Voice & Strategic Storytelling	
Mobile	Social	Response / Real-time Activity	
	Social	Content for User Engagement	
Film Craft	Film Craft	Script	Shortlist
	Film Craft	Achievement in Production	
	Film Craft	Direction	
	Film Craft	Casting	
	Film Craft	Editing	
	Film Craft	Cinematography	

Entertainment	Branded Content & Visual Storytelling	Online: Fiction 15 minutes or under in Length	Bronze
	Branded Content & Visual Storytelling	Cinema & Theatrical: Fiction Film	
	Branded Content & Visual Storytelling	TV & Broadcast: Fiction 15 minutes or under in Length	
	Brand Experience	Social Brand Experience	
Digital Craft	Content	Omni-Channel Storytelling	

P&G '아빠 #집안일은함께'(Dads #ShareTheLoad) (2017년)

부문	섹션	카테고리	수상
Creative Effectiveness	Creative Effectiveness	Creative Effectiveness	Silver

P&G '평등을 보다 #집안일은함께'(See Equal #ShareTheLoad) (2022년)

부문	섹션	카테고리	수상
Film	Culture & Context	Market Disruption	
	Culture & Context	Challenger Brand	
Print & Publishing	Culture & Context	Challenger Brand	
	Culture & Context	Cultural Insight	
	Culture & Context	Market Disruption	
Media	Culture & Context	Corporate Purpose & Social Responsibility	Bronze
	Excellence in Media	Use of Integrated Media	
Brand Experience & Activation	Culture & Context	360 Integrated Brand Experience	
	Culture & Context	Social Behaviour	
	Brand Experience & Activation: Sectors	Consumer Goods	
Titanium	Titanium	Titanium	
PR	PR: Sectors	Consumer Goods	Shortlist
	Culture & Context	Single-market Campaign	Shortlist
	Insights & Measurement	PR Effectiveness	
	Culture & Context	Corporate Purpose & Social Responsibility	
Glass	Glass: The Lion for Change	Glass	Shortlist

'하이네켄 펍 박물관(Pub Museum)' (2024년)

부문	섹션	카테고리	수상
Outdoor	Culture & Context	Single-Market Campaign	Gold
	Culture & Context	Corporate Purpose & Social Responsibility	Shortlist
	Ambient & Experiential	Immersive Experiences	Silver

Outdoor	Ambient & Experiential	Interactive Experiences	Shortlist
	Innovation in Outdoor	Technology	
Audio & Video	Culture & Context	Single-Market Campaign	Silver
	Culture & Context	Corporate Purpose & Social Responsibility	
	Innovation in Audio & Radio	Use of Audio & Radio as a Medium	
	Innovation in Audio & Radio	Branded Content/Podcasts	
	Innovation in Audio & Radio	Audio-Led Creativity	
	Audio & Radio: Sectors	Consumer Goods	
Direct	Culture & Context	Single-Market Campaign	Gold
	Culture & Context	Corporate Purpose & Social Responsibility	Shortlist
	Direct: Sectors	Consumer Goods	Shortlist
	Digital & Social	Use of Mobile	Shortlist
Brand Experience & Activation	Touchpoints & Technology	Tangible & Spatial Technology	Gold
	Touchpoints & Technology	Cross-Platform Digital Experience	Shortlist
	Excellence in Brand Experience	Brand-Owned Experiences	Silver
	Culture & Context	Corporate Purpose & Social Responsibility	Shortlist
Titanium	Titanium	Titanium	Shortlist
PR	PR Techniques	Consumer Goods	Silver
	PR Techniques	Brand Voice & Strategic Storytelling	
	Culture & Context	Single-market Campaign	
	Culture & Context	Corporate Purpose & Social Responsibility	Shortlist
Creative B2B	Creative B2B	Brand Experience	Gold
	Creative B2B	Market Disruption	Shortlist
	Creative B2B	Innovative use of Content	
	Creative B2B	Targeting & Engagement	
	Creative B2B	Cross-Channel Storytelling	
	Creative B2B	Corporate Purpose & Social Responsibility	

경찰청 '똑똑(Knock Knock)' (2023년)

부문	섹션	카테고리	수상
Direct	Direct: Sectors	Not-for-profit / Charity / Government	Bronze
	Digital & Social	Use of Mobile	Shortlist
Media	Media: Sectors	Not-for-profit / Charity / Government	
	Insights & Media Strategy	Audience Insights	
Brand Experience & Activation	Touchpoints & Technology	Use of Mobile & Devices	Gold
	Brand Experience & Activation: Sectors	Not-for-profit / Charity / Government	Shortlist
Titanium	Titanium	Titanium	Shortlist
Mobile	Technology	Innovative Use of Technology	
	Social	Targeted Communication	
Glass	Glass: The Lion for Change	Glass	Grand Prix
Creative Strategy	Creative Strategy: Sectors	Not-for-profit / Charity / Government	
	Excellence in Creative Strategy	Products / Services	

쿠어스 라이트 '고장 난 쿠어스 라이트(Coors Lights Out)' (2024년)

부문	섹션	카테고리	수상
Outdoor	Ambient & Experiential	Displays	Gold
	Ambient & Experiential	Promotional Items & Printed Media	Silver
	Ambient & Experiential	Design for Promotional Items	Shortlist
	Billboards: Sectors	Consumer Goods	
Direct	Direct: Sectors	Consumer Goods	
	Channels	Small-Scale Media	
	Channels	Use of Print/Outdoor	
	Digital & Social	Real-Time Response	
Media	Channels	Innovative Use of Influencers/Creators	Bronze
	Media: Sectors	Consumer Goods	Shortlist
	Channels	Small-Scale Media	Shortlist
	Channels	Use of Events & Stunts	
Brand Experience & Activation	Excellence in Brand Experience	Guerrilla Marketing & Stunts	Gold
	Brand Experience & Activation: Sectors	Consumer Goods	Silver
Titanium	Titanium	Titanium	
PR	PR Techniques	Use of Events & Stunts	Shortlist
	Social Engagement & Influencer Marketing	Real-Time Response	
	PR: Sectors	Consumer Goods	Shortlist
Entertainment for Sport	Community	Fan Engagement/Distribution Strategy	Bronze
	Sport-Led Brand Experience	Sports Live Experience	

하인즈 캐첩 '하인즈여야 해(It Has to be Heinz)' (2024년)

부문	섹션	카테고리	수상
Creative Effectiveness	Brand Challenges & Opportunities	Sustained Success	Grand Prix
	Brand Challenges & Opportunities	Collaboration	
Creative Strategy	Challenges & Breakthroughs	Long-Term Strategy	Bronze

평등 건강 재단 '불평등 빌보드(Inequality Billboards)' (2025년)

부문	섹션	카테고리	수상
Direct	Direct: Sectors	Not-for-Profit / Charity / Government	Shortlist
	Channels	Use of Print/Outdoor	Shortlist
	Digital & Social	Use of Digital Platforms	
	Data & Technology	Data-Driven Targeting	
PR	Insights & Measurement	Research, Data & Analytics	Bronze
	PR: Sectors	Not-for-Profit / Charity / Government	
	Culture & Context	Single-Market Campaign	
Health & Wellness	Health Awareness & Advocacy	Non-profit/Foundation-led Education & Awareness	Gold
	Health Awareness & Advocacy	Non-profit/Foundation-led Education & Awareness	Silver
	Health Awareness & Advocacy	Non-profit/Foundation-led Education & Awareness	Shortlist
	Health Awareness & Advocacy	Non-profit/Foundation-led Education & Awareness	
	Health Awareness & Advocacy	Non-profit/Foundation-led Education & Awareness	
	Health Awareness & Advocacy	Non-profit/Foundation-led Education & Awareness	
Creative Data	Culture & Context	Single-Market Campaign	Shortlist
	Creative Data	Creative Data Collection & Research	Shortlist
	Creative Data	Data-Driven Targeting	Shortlist
	Creative Data	Data Visualisation	
	Creative Data	Data-Enhanced Creativity	
Digital Craft	Data & AI	Data Visualisation	
	Data & AI	Curation of Data	
Sustainable Development Goals	People	Good Health and Well-being	
	Prosperity	Reduced Inequalities	

오렌지 '여자 축구(Women's Football)' (2024년)

부문	섹션	카테고리	수상
Film	TV/Cinema Film: Sectors	Consumer Services/Business to Business	Grand Prix
	Culture & Context	Corporate Purpose & Social Responsibility	Bronze
	Culture & Context	Social Behaviour & Cultural Insight	Shortlist

Category	Subcategory	Detail	Award
Film	Culture & Context	Single-Market Campaign	Shortlist
	Online Film: Sectors	Consumer Services/Business to Business	Shortlist
	Innovation in Film	Online & Viral Film	Shortlist
Social & Influencer	Social Content Marketing	Social Film	Gold
	Culture & Context	Corporate Purpose & Social Responsibility	Silver
	Excellence in Social & Influencer	Sponsorship & Brand Partnership	Bronze
	Social Insights & Engagement	Brand Storytelling	Shortlist
	Creator & Influencer Marketing	Innovative Use of Creators, Influencers or Celebrities.	Shortlist
Direct	Excellence in Social & Influencer	Social Purpose	Shortlist
	Culture & Context	Single-Market Campaign	Shortlist
	Social & Influencer: Sectors	Consumer Services/Business to Business	Shortlist
Titanium	Titanium	Titanium	Shortlist
PR	Social Engagement & Influencer Marketing	Content Creation & Production	Gold
	Culture & Context	Corporate Purpose & Social Responsibility	Bronze
	PR: Sectors	Consumer Services/Business to Business	Shortlist
	Insights & Measurement	PR Effectiveness	Shortlist
Glass	Glass: The Lion for Change	Glass	Shortlist
Entertainment	Challenges & Breakthroughs	Diversity & Inclusion in Entertainment	Gold
	Challenges & Breakthroughs	Social Behaviour & Cultural Insight	Silver
	Challenges & Breakthroughs	Innovation in Branded Content	Shortlist
	Partnerships	Brand Partnerships, Sponsorships & Collaborations	Shortlist
	Community	Audience Engagement/Distribution Strategy	Shortlist
	Branded Content	Fiction Film: Up to 5 minutes	Shortlist
Entertainment for Sport	Partnerships	Brand Partnerships, Sponsorships & Collaborations	Grand Prix
	Challenges & Breakthroughs	Social Behaviour & Cultural Insight	Shortlist
	Challenges & Breakthroughs	Diversity & Inclusion in Sport	Shortlist
	Branded Content for Sport	Film Series and Audio	

2024 파리 올림픽 '2024년 파리 올림픽 개막식(Olympic Games Opening Ceremony Paris 2024)' (2025년)

부문	섹션	카테고리	수상
Outdoor	Ambient & Experiential	Live Advertising and Events	Grand Prix
	Culture & Context	Cultural Engagement	Silver
	Culture & Context	Corporate Purpose & Social Responsibility	Shortlist
Media	Channels	Use of Events & Stunts	
Brand Experience & Activation	Culture & Context	Corporate Purpose & Social Responsibility	Silver
	Culture & Context	Cultural Engagement	
PR	Culture & Context	Cultural Engagement	Shortlist
	PR: Sectors	Media/Entertainment	
Entertainment	Challenges & Breakthroughs	Diversity & Inclusion in Entertainment	Silver
	Entertainment-led Brand Experience	Live Entertainment	
	Branded Content	Broadcast/Live Streaming	
Entertainment for Sport	Branded Content for Sport	Broadcast/Live Streaming	Gold
	Sport-Led Brand Experience	Sports Live Experience	
	Challenges & Breakthroughs	Diversity & Inclusion in Sport	

미국 영화예술과학아카데미 '감정 담은 자막(Caption with Intention)' (2025년)

부문	섹션	카테고리	수상
Brand Experience & Activation	Brand Experience & Activation: Sectors	Media/Entertainment	Grand Prix
	Culture & Context	Cultural Engagement	Silver
	Culture & Context	Corporate Purpose & Social Responsibility	Bronze
Titanium	Titanium	Titanium	Titanium
Design	Transformative Design	Inclusive Design	Grand Prix
	Brand Design	Design-Driven Effectiveness	Shortlist
	Transformative Design	Innovation in Design	Shortlist
	Brand Design	Digital Design	Shortlist
	Transformative Design	Design for Behavioural Change	Shortlist
Entertainment	Challenges & Breakthroughs	Diversity & Inclusion in Entertainment	Gold
	Challenges & Breakthroughs	Cultural Engagement	Silver
	Challenges & Breakthroughs	Innovation in Branded Content	Shortlist
	Partnerships	Brand Partnerships, Sponsorships & Collaborations	Shortlist
Innovation	Innovation	Societal Innovation	Gold
	Innovation	Product Innovation	Shortlist
Digital Craft	Form	UX & Journey Design	Grand Prix
	Technology	Innovative Use of Technology	Gold
	Technology	Technological Achievement in Digital Craft	Shortlist
	Form	Motion Graphics Design & Animation	Shortlist
Creative B2B	Creative B2B	Innovative use of Content	Bronze
	Creative B2B	Corporate Purpose & Social Responsibility	Shortlist
	Creative B2B	Craft in B2B	Shortlist

나투라 '아마존 그린벤토리(The Amazon Greenventory)' (2025년)

부문	섹션	카테고리	수상
Direct	Data & Technology	New Realities & Emerging Tech	Shortlist
	Digital & Social	Use of Mobile	
	Culture & Context	Corporate Purpose & Social Responsibility	
	Culture & Context	Market Disruption	
Innovation	Innovation	Brand-Led Innovation	
	Innovation	Environmental Innovation	
Creative Data	Creative Data	Data Technology	Silver
	Culture & Context	Market Disruption	Shortlist
	Culture & Context	Single-Market Campaign	
Sustainable Development Goals	Planet	Life on Land	Grand Prix
	Prosperity	Decent Work and Economic Growth	Shortlist
Creative Business Transformation	Business Operations and Technology	Operational Transformation	Shortlist
	Customer Experience Design	Brand Purpose & Impact	
Creative B2B	Creative B2B	Corporate Purpose & Social Responsibility	
	Creative B2B	Market Disruption	

부록 #2:

칸 라이언즈의 역사

1954　　　1940년대 후반부터 칸에서 열렸던 국제 영화제에서 영감을 받은 전 세계 영화 광고 계약자 그룹(SAWA)이 광고 영화 제작자들도 장편 영화 산업의 동료들과 비슷한 인정을 받아야 한다고 생각하다. SAWA가 극장 광고를 홍보하기 위해 국제 광고 영상 페스티벌(International Advertising Film Festival)을 설립하다. 1954년 9월 베니스에서 첫 번째 페스티벌이 열리고 14개국에서 187편이 출품되어 경쟁하다. 베니스 산 마르코 광장의 사자상을 본떠 트로피가 만들어지다. 두 번째 페스티벌은 몬테카를로에서, 1956년에는 칸에서 개최되다. 그후 베니스와 칸에서 번갈아 개최되다. 경쟁 부문이 TV와 극장 광고의 두 개 부문으로 나뉘다. 제작 기법에 따라 심사가 진행되고, 길이에 따른 구분, 라이브 액션 및 애니메이션 등의 카테고리로 나뉘다. 첫 번째 페스티벌에 130명이 참석하다.

1967　　　TV 및 극장 광고를 제품 또는 서비스 카테고리로 구분하다.

1983　　　극장 광고와 TV 광고의 구분을 없애고 영상 광고 단일 카테고리로 변경하다.

1984　　　프랑스 남부 도시 칸이 페스티벌의 영구 개최지가 되다.

1987　　　프랑스 사업가이자 SAWA의 전 멤버였던 로저 해추얼(Roger Hatchuel)이 페스티벌을 인수하다.

1990　　　1990년 제1차 걸프전이 발발하기 전까지 전 세계 광고 산업은 번영의 길을 걷다. 이 이유로 이 페스티벌이 영상 광고만을 대상으로 하는 경쟁으로 유지되다.
　　　전쟁 당시의 광고 위기에 대응하기 위해 모든 출품작의 쇼케이스와 함께 업계에서 가장 유명한 연사들이 주최하고 참여하는 세미나 프로그램을 구성하여 행사에 가치를 더하다.

1992　　　시청각과 인쇄 매체를 모두 포함하는 광고 캠페인의 복수 매체 접근 방식을 반영하기 위해 행사를 확대하면서, '국제 광고 영상 페스티벌'에서 '국제 광고 페스티벌(International Advertising Festival)'로 명칭을 변경하다.
　　　인쇄 및 옥외 부문을 추가하고 영 크리에이티브 등록 패키지를 도입하다.

1995　　　전 세계 여러 나라에서 온 팀들이 24시간 내에 자선 단체 또는 비영리 단체를 위한 광고를 제작해야 하는, 영 크리에이티브 컴피티션을 신설하다.

1998	온라인 커뮤니케이션(웹사이트, 인터랙티브 캠페인, 온라인 광고)이 도입되고 사이버 부문이 탄생하다.
1999	미디어 기획자들이 미디어의 창의적인 활용을 평가하는 미디어 부문을 신설하다.
2002	창의적인 다이렉트 마케팅 솔루션을 기리기 위해 다이렉트 부문을 추가하다.
2003	광고·마케팅 분야에서 획기적이고 혁신적인 콘셉트에 시상하기 위해 댄 와이든(Dan Wieden)이 제안한 티타늄 부문을 도입하다.
	또한 광고, 마케팅, 커뮤니케이션, 디자인을 공부하는 최고의 학생들에게 일주일간의 교육과 훈련을 제공하는 로저 해추얼 라이언즈 아카데미를 도입하다.
2004	국제적인 B2B 퍼블리셔이자 이벤트 주최사인 이맵 커뮤니케이션즈가 2004년 여름에 페스티벌을 인수하다.
2005	라디오 광고 크리에이티비티의 위상을 높이기 위해 라디오 부문을 도입하다.
	티타늄 부문에 통합 캠페인을 포함하여 재출범하다.
	다이렉트 부문, 사이버 부문에서 가장 많은 점수를 받은 대행사에 수여하는 '올해의 다이렉트 에이전시', '올해의 인터랙티브 에이전시' 상을 도입하다.
2006	리테일 마케팅, 환경 디자인, 매장 내 광고 등 세일즈 프로모션 분야의 우수한 크리에이티브에 시상하기 위해 프로모 부문을 도입하다.
	옥외 부문 심사 위원단을 별도로 구성하다.
	미디어 부문이 크게 성장함에 따라 '올해의 미디어 에이전시' 상을 새롭게 추가하다.
	기존의 인쇄 부문과 사이버 부문을 보완하는 영 크리에이티브 필름 컴피티션을 신설하여 모바일 기기로 촬영한 광고만 출품할 수 있도록 하다.

2007   광고업계의 변화를 반영하여 페스티벌이 계속 발전함에 따라 새로운 변화와 추가 사항을 도입하다.

모든 미디어 플랫폼의 콘텐츠 크리에이터와 제공 업체가 자신의 제품과 역량을 선보일 수 있는 전용 전시 공간 콘텐츠 쇼케이스를 선보이다.

티타늄 부문은 티타늄 및 통합 부문으로 변경하여, 3개 이상의 서로 다른 미디어를 사용한 최고의 통합 캠페인에 통합 라이언을 수여하고, 획기적인 아이디어를 기리는 티타늄 라이언도 수상할 수 있도록 개편하다.

모든 부문에서 대행사의 수상을 평가하여 전 세계에서 가장 많이 수상한 네트워크를 선정하기 위해 '올해의 네트워크' 상을 신설하다.

기존의 로저 해추얼 아카데미를 보완, 학생 대표 패키지를 도입해 비즈니스 대학의 마케팅, 커뮤니케이션 및 광고학과 학생들이 참가할 수 있게 하다.

앨 고어가 Y&R과 함께 무대에 올라 위기에 처한 기후에 대해 논의하다.

2008   브랜드 및 제품 메시지 전달을 위한 창의적이고 혁신적인 디자인 사용에 시상하기 위해 포장 디자인, 브랜드 아이덴티티, 환경 디자인을 포함하는 디자인 부문을 신설하다.

인터넷 필름, 모바일 필름, 통합 필름 등 TV와 극장 외의 스크린에서 상영하기 위한 필름을 위한 카테고리를 필름 부문에 신설하다.

기존 인쇄, 사이버, 필름 영 라이언즈 경연에 영 라이언즈 미디어 경연을 추가하다.

젊은 크리에이티브들이 배우고, 영감을 얻고, 동료들을 만날 수 있는 공간을 제공하기 위해 영 라이언즈 존을 마련하다.

업계 주요 인사들과 함께하는 1시간 동안의 독점적이고 친밀한 세션을 제공하기 위해 마스터 클래스를 도입하다.

뉴스 코퍼레이션의 회장 겸 CEO 루퍼트 머독과 세계적인 레코딩 아티스트 토니 베넷 등 세계적으로 저명한 인사들이 세미나 연사로 참여하다.

2009

개인, 기업 또는 조직과 대중 간의 신뢰와 이해를 구축하고 유지함으로써 평판 관리를 창의적으로 활용한 크리에이티브에 시상하기 위해 PR 부문이 출범하다.

통합 부문의 출품작 수가 증가함에 따라 통합 라이언을 금·은·동으로 구분해 시상하다.

출품 부문 개정, 출품작 서면 제출 방식 변경, 미디어 작품의 세 가지 중요한 요소를 반영하도록 미디어 부문 심사 방식을 재구성하고, 각 미디어 사례의 결과에 더 중점을 둔 크레딧, 출품 기업뿐 아니라 미디어 에이전시도 인정하는 등의 변화를 도입하다.

업계 리더들과의 분석을 통해 다이렉트 및 프로모션 부문의 출품작 제출 및 심사 기준을 수정, 출품작의 결과에 더 중점을 두다.

아웃도어, 디자인, 다이렉트, 미디어, 프로모션 부문에 디지털에 초점을 맞춘 카테고리를 도입하다.

비즈 스톤(Biz Stone) 트위터 공동 창업자, 스티브 발머(Steve Ballmer) 마이크로소프트 CEO, 버락 오바마 캠페인 매니저 데이비드 플러프(David Plouffe), 코피 아난 전 유엔 사무총장, 작가·감독·배우·프로듀서 스파이크 리, 에릭 슈미트 구글 회장 겸 CEO 등이 기조연설자로 나서다.

2010

연출, 편집, 음악의 사용, 사운드 디자인 등의 영상 제작 과정을 기리고 시상하기 위해 필름 크래프트 부문을 추가하다.

자선 단체나 공익을 위해 제작되어 해당 부문에서 수상 자격이 없었던 출품작을 시상하기 위해 '그랑프리 포 굿'을 도입하다.

'올해의 독립 에이전시' 상을 신설하다.

프로모션 부문의 본질을 더 잘 반영하기 위해 프로모션 및 활성화 부문으로 이름을 변경하다.

베를린 크리에이티비티 리더십 스쿨과 함께 1주는 베를린에서, 나머지 2주는 칸에서 진행하는 '칸 크리에이티비티 리더스 프로그램'을 도입하다. 30명을 대상으로 집중 교육, 맞춤형 세션, 그룹 프로젝트, 연설 및 강연을 제공하다.

칸을 처음 접하는 사람들이 자신의 경험을 극대화하는 방법을 배울 수 있도록 매일 30분간 진행되는 '하우 투 칸' 세션을 시작하다.

기존 영 라이언즈 컴피티션에 영 마케터 컴피티션을 추가하다.

온라인 네트워킹 툴인 칸 커넥트(Cannes Connect)를 통해 페스티벌 시작 전부터 네트워크를 형성할 수 있도록 하다.

아웃도어 부문에서 빌보드 & 스트리트 퍼니처와 포스터 및 앰비언트 부문에서 각각 그랑프리를 수여할 수 있도록 하다.

2011   광고의 우수성을 기념하는 축제에서 모든 형태의 커뮤니케이션에서 창의적인 우수성을 인정하는 축제로의 변화를 반영하기 위해 '국제 크리에이티비티 페스티벌(International Festival of Creativity)'로 페스티벌의 부제를 변경하다.

클라이언트의 비즈니스에 측정 가능하고 입증된 영향력을 보여 준 크리에이티비티에 시상하는 크리에이티브 효과 부문을 추가하다. 전년에 본선 진출 이상에 올랐던 작품들에게만 출품 자격을 부여하다.

커뮤니케이션 분야에서 오랫동안 창의성에 기여한 개인의 공로를 인정하기 위해 도입된 세인트 마크 상을 크리에이티브 디렉터이자 BBH의 창립자인 존 헤가티 경(Sir John Hegarty)이 수상하다.

페스티벌의 모든 부문에서 가장 많은 상을 받은 지주 회사에 수여하는 '올해의 지주 회사' 상을 신설하다.

올해의 에이전시 상에는 사이버 부문과 티타늄 부문 수상작의 점수를 포함시키며, 이에 따라 올해의 인터랙티브 에이전시 상을 폐지하다.

젊은 마케터를 위한 칸 크리에이티브 아카데미가 출범하다. 클라이언트 조직에서 일하는 젊은 마케터와 브랜드 매니저에게 35개의 자리를 제공하는 일주일간의 맞춤형 프로그램으로, 짐 스텐겔(Jim Stengel)이 학장을 맡다.

약 450개에 이르는 다양한 클라이언트들의 참여가 전체 참관자의 20퍼센트를 차지할 정도로 크게 증가하다.

2012

독창적인 콘텐츠를 만들거나 자연스럽게 통합한 브랜디드 콘텐츠와 엔터테인먼트의 창의성에 시상하기 위해 브랜디드 콘텐츠&엔터테인먼트 부문을 신설하다.

모바일 기기, 앱 또는 모바일 웹에서 작동하거나 활성화된 최고의 크리에이티브 작품에 시상하기 위해 모바일 부문을 도입하다.

새로운 콘텐츠 스트림을 추가하다.

참가자들에게 업계의 주요 이슈에 대한 심도 있는 인사이트를 제공하는 '포럼'으로, 매일 6개 세션에서 특정 주제에 대한 발표와 토론을 진행하다.

디지털 마케팅 가치 사슬 전반에 걸쳐 선구적인 업적을 이룬 미래 지향적인 기업들을 소개하는 '테크토크'가 엄선된 강연을 통해 참가자들에게 새로운 기회를 제공하다.

영 라이언즈 컴피티션에 디자인 컴피티션을 추가하다.

빌&멜린다 게이츠 재단과 협력하여 전 세계가 직면한 커뮤니케이션 과제를 해결하기 위한 공모전 '커뮤니케이션을 위한 그랜드 챌린지'를 개최하다. 85개국에서 914개의 작품이 출품되었고, 심사를 거쳐 참가자들에게는 아이디어를 더욱 발전시킬 수 있도록 10만 달러의 상금과 2011년 칸 라이언즈 그랑프리 수상자들로 구성된 칸 키메라의 멘토링을 받을 수 있는 기회가 주어지다. 이후 성공적인 프로젝트는 아이디어를 실현하기 위해 최대 100만 달러의 추가 자금을 지원받을 수 있는 기회를 얻을 수 있게 하다.

젊은 크리에이티브들이 재능을 개발하고 개인의 창의력을 펼칠 수 있는 공간을 제공하기 위해 밥 이셔우드(Bob Isherwood)와 함께하는 '영 라이언즈 크리에이티브 아카데미'를 도입하다.

페스티벌 기간 중 참석자들이 비공식적인 분위기에서 만나고 네트워크를 형성하며 휴식을 취할 수 있는 기회를 제공하기 위해 칸 커넥트 바가 문을 열다.

세미나 프로그램에 빌 클린턴 전 대통령, 건축가 자하 하디드, 싱어송라이터이자 배우로 블론디의 리드 보컬인 데보라 해리, 싱어송라이터 스모키 로빈슨, 프로듀서이자 작곡가·DJ 마크 론슨 등의 연사가 참여하다.

2013

칸 라이언즈 60주년을 기념하여 전설적인 아티스트 제럴드 스카프(Gerald Scarfe)와 협업하여 60회 페스티벌에 독특한 브랜딩을 부여하는 예술 작품을 제작하다.

60주년을 기념하여 광고의 형태를 바꾼 광고와 크리에이티비티를 소개하는 특별 전시회를 개최하고, 1950년대 이후의 캠페인을 소개하는 책자 《게임 체인저: 광고의 진화》를 발간하다.

창의적인 아이디어를 실현한 기술과 혁신에 시상하는 이노베이션 부문을 신설하다.

투표를 통해 매일 한 개의 세션을 선정, '라이언즈 라이브'를 통해 전 세계에 생중계하다.

짐 스텐겔과 함께하는 칸 라이언즈 CMO 액셀러레이터 프로그램, 메이드 @스웨덴, 영 AE 아카데미, 영 미디어 아카데미 등 다양하고 새로운 아카데미를 시작하다.

중국을 대표하는 사상가와 전문가들이 중국을 더 잘 이해하고 시장에 참여하는 방법에 대한 이해를 돕기 위해 일련의 포럼, '중국의 날'을 개최하다.

현대 미술가 셰퍼드 페어리(Shepard Fairey), 포뮬러 1 드라이버 젠슨 버튼(Jenson Button), 맥라렌(McLaren), 사진작가 애니 레이보비츠(Annie Leibovitz), 프로듀서·아티스트·연기자이자 배드 보이 월드와이드 엔터테인먼트 그룹 CEO 겸 설립자 션 콤스(Sean Combs), 하버드대학교 건축 및 도시 디자인 실무 교수 렘 콜하스(Rem Koolhaas), 뮤지션 루 리드(Lou Reed) 등 최고의 연사들이 대거 참여하다.

2014 제품을 활용하여 브랜드 정신을 전달하고 사람들의 삶을 개선하는 데 긍정적인 영향을 미친 제품을 선정하여 수여하는 제품 디자인 부문을 신설하다.

상업적 브랜드 파워를 혁신적으로 활용하여 사람이나 지구에 의미 있고 긍정적인 변화를 가져온 개인 또는 조직에 수여하는 칸 라이언하트 상을 신설하다. 보노(Bono)가 아프리카의 에이즈 퇴치를 위해 2억 5000만 달러 이상을 모금한 브랜딩, 액티비즘과 자선 활동을 창의적으로 융합한 (RED)의 공로를 인정받아 첫 번째 칸 라이언하트 상을 수상하다.

지역 네트워크의 성과를 평가하여 수여하는 올해의 지역 네트워크 상을 신설하다.

브라질의 창의성을 보여 주고, 이해하고, 축하하는 브라질을 날을 개최하다.

CEO와 기타 비즈니스 리더들에게 창의적인 조직을 육성하기 위한 인사이트와 가이드라인을 배울 수 있는 특별한 기회를 제공하는 CEO 아카데미, 대행사의 젊은 플래너들에게 창의적인 인사이트를 발견하고 창의적인 전략을 기획하는 방법을 가르치는 영 플래너 아카데미, 스토리텔링의 예술과 기술 그리고 브랜드에 미칠 수 있는 긍정적인 영향에 초점을 맞춘 영 스토리텔링 아카데미를 신설하다.

영 라이언스 컴피티션에 PR 컴피티션을 추가하다.

12명의 여성을 칸에 초청해 크리에이티비티 업계에서 커리어를 쌓을 수 있도록 영감을 주는 교육 프로그램 '씨 잇 비 잇(See It Be It)'을 시작하다.

혁신과 이를 비즈니스에 활용하는 사람들에 초점을 맞춘 세미나 프로그램인 이노베이션 데이를 개최하다.

2015 성 편견을 깨고 남성과 여성에 대한 고정 관념을 깨는 작품에 시상하는 글라스 부문을 신설하다.

라이온스 이노베이션 페스티벌이 시작되다. 창의성을 위한 촉매제로서 데이터와 기술을 탐구하는 이틀간의 라이언스 이노베이션 페스티벌을 선보이다.

네트워크를 형성하고 휴식을 취하며 강연을 즐길 수 있는 참관자 전용의 칸 라이언스 비치를 개설하다.

크리에이티브 커뮤니케이션 업계에서 일하는 인재들이 경영진으로 성장하는 데 도움을 주는 교육 프로그램 마스터스 오브 크리에이티비티를 새로운 교육 프로그램으로 개설하다.

2016   브랜드와 엔터테인먼트 산업을 위한 이틀간의 행사 라이온스 엔터테인먼트가 출범하다.

엔터테인먼트 부문은 브랜디드 콘텐츠 및 엔터테인먼트 부문을 대체하며, 브랜디드 콘텐츠 및 비주얼 스토리텔링, 탤런트, 브랜드 경험, 게임, 스포츠로 구성하다.

엔터테인먼트 음악 부문은 팬, 소셜 및 디지털 음악, 크래프트 및 작곡, 음악 플랫폼 및 기술, 음악 콘텐츠, 라이브 경험으로 구성하다.

옴니채널 디지털 크리에이티비티에 필요한 기술과 예술성을 인정하고 시상하기 위해 디지털 크래프트 부문을 신설하다.

게티이미지(Getty Images)와 파트너십으로 밋업(Meet Up)을 시작해, 참가자들이 동료들과 어울려 업계 환경에 대해 토론하고 유용한 인사이트를 들을 수 있도록 설계하다.

라이언즈 네트워크를 참가자들이 서로 메시지를 주고받으며 소통할 수 있는 새로운 메시징 플랫폼으로 만들다. 수신자의 연락처 정보를 보호하기 위해 메시지를 전달하고 수신자가 답장 여부를 결정할 수 있게 하다.

2017   밤이 되면 아카데미 강의실이 창의적인 아이디어를 탐구하고 워크숍을 통해 즐거운 시간을 보낼 수 있는 공간으로 전환되도록 나이트 스쿨을 시작하다.

약 100개의 글로벌 스타트업이 라이온스 이노베이션 내에서 네트워크를 형성하고 조언을 얻을 수 있는 스타트업 디스커버리 존을 출범하다.

중국 대표단을 위해 텐센트 소셜 광고와 협력하여 위챗 공식 계정을 개설하다.

2018 페스티벌을 기존 8일간에서 주중 5일로 단축 운영하다.

'트랙'을 도입해 부문과 콘텐츠 프로그램을 9개의 트랙으로 분류하다.

시상 부문 구조 개편과 120개 이상의 하위 카테고리 폐지에 따라 사이버 부문, 프로모션 및 활성화 부문, 통합 부문을 폐지하다.

크리에이티브 이커머스 부문, 소셜 및 인플루언서 부문, 브랜드 경험 및 활성화 부문, 소셜 및 인플루언서 부문, 인더스트리 크래프트 부문 등 5개의 부문이 새롭게 출범하다.

칸 라이언즈 디지털 제안을 확장한 더 워크(The Work)와 디지털 패스를 출시하다.

업계의 다양성을 높이기 위한 #MoreLikeMe with HP가 출범하다. 씨 잇 비 잇이 지속되고 20명의 여성을 프로그램에 참여시키는 것으로 확대하다.

ANA와 파트너십을 맺고 CMO 성장 위원회를 출범하다. 글로벌 시니어 마케터들이 마케팅의 미래를 예측하고 가이드를 제시하다.

아마존, 휴즈와 함께 첫 번째 '선한 변화'를 위한 해커톤을 개최하다.

2019 제품 디자인 부문을 폐지하고 해당 작품은 이노베이션 부문과 디자인 부문에 출품할 수 있도록 하다. 모든 자선 및 비영리 단체의 작품은 브랜드 주도 작품과 별도로 심사 위원단의 심사를 받도록 하다.

창의성을 지렛대 삼아 성공적으로 비즈니스를 발전시킨 브랜드를 선정하는 올해의 크리에이티브 브랜드 상을 신설하다.

세계 최고의 마케터들이 글로벌 엔터테인먼트 전문가 및 콘텐츠 크리에이터와 만나 서로 배우고 경험하며 비즈니스를 할 수 있는 CLX가 미디어링크와 파트너십을 맺고 출범하다.

기획자와 전략가에게 시상하는 크리에이티브 전략 부문, 팬 문화를 활용하고 스포츠와 e스포츠의 힘을 활용해 사람과 브랜드를 연결한 창의성에 시상하는 스포츠 엔터테인먼트 부문을 신설하다.

2020　　　　6월, 칸 라이언즈가 사상 처음으로 전 세계적인 팬데믹으로 인해 취소되다. 전 세계가 극심한 경기 침체에 빠진 가운데 라이언즈 라이브를 통해 전 세계 크리에이티비티 커뮤니티를 화상으로 연결하다. 145개국에서 약 7만 명이 등록하다.

　　　　WARC와 협력하여 크리에이티브 효과 사다리(Creative Effectiveness Ladder) 프레임워크를 도입하다. 판도를 바꾸는 작품을 지속적으로 제작해 온 크리에이티브 기업과 브랜드를 인정하는 '10년의 라이언즈 크리에이티비티 보고서'를 처음 발표하다.

　　　　1954년부터 2000년까지 수상 작품 라이브러리인 클래식(Classic)을 출시하고 누구나 무료로 이용할 수 있도록 하다.

　　　　그 성공에 힘입어 10월에 라이언즈 라이브를 다시 방영하다. 그랑프리 수상 캠페인의 사례 연구와 함께 세계를 사로잡는 작품을 만드는 데 필요한 일주일간의 학습을 포함하다.

　　　　칸 라이언즈 기간 동안 칸 라이언즈는 크리에이티비티의 모든 단계에서 최고의 크리에이티비티를 추구하는 사람들을 지원하겠다는 약속을 담은 '라이언즈 | 크리에이티비티의 고향(LIONS | The Home of Creativity)'의 출범을 발표하며 새로운 시대의 시작을 알리다.

　　　　라이온스 브랜드 가치가 커뮤니티, 성실성, 우수성으로 진화하다.

　　　　진화하고 확장된 제품 포트폴리오와 새로운 시각적 아이덴티티를 갖춘 Lionscreativity.com을 출시하다.

2021　　　　글로벌 커뮤니티가 창의적 혁신을 이끌어 내는 사람, 교육, 전문성, 조언 및 기술을 이용할 수 있도록 지원하는 라이언즈 멤버십을 출시하다.

　　　　전 세계적인 팬데믹이 지속됨에 따라 칸 라이언즈 라이브를 통해 완전히 디지털로 전환하다.

2022 전문가가 기업을 대신하여 구매하는 제품 및 서비스에 대한 획기적인 창의성과 업무 효율성을 인정하는 크리에이티브 B2B 부문이 새롭게 출범하다.

크리에이티브 이커머스 부문을, 온라인과 오프라인 상거래, 결제 솔루션 및 거래 여정에 대한 혁신적이고 창의적인 접근 방식에 시상하는 크리에이티브 커머스 부문으로 변경하다.

미디어 부문을 순수한 크리에이티비티보다는 창의적인 미디어 아이디어에 시상할 수 있도록 개편하다.

칸 라이언즈와 ANA가 CMO 글로벌 성장 위원회를 열어, 지속 가능성, 다양성 형평성 및 포용성, 인재, 데이터 및 기술, 브랜드 창의성 및 효율성 등 글로벌 이슈를 다루다.

2023 페스티벌이 70회를 맞이하다.

창의적인 게임 플레이를 통해 사람과 브랜드를 연결한 창의적인 작품에 시상하는 엔터테인먼트 게임 부문을 신설하다.

광고계의 아이콘인 댄 와이든을 기리기 위해 티타늄 부문을 댄 와이든 티타늄 부문으로 명칭을 변경하다.

디지털 크래프트, 필름 크래프트, 인더스트리 크래프트를 제외한 모든 부문에서 출품작의 영향력, 효과, 성장에 초점을 맞추기 위해 그 영향력을 입증할 수 있는 정보를 제공하도록 하다.

출품작들이 애드넷 제로의 5가지 행동 계획을 지침으로 삼아 제작 과정에서 배출되는 CO_2 배출량을 개략적으로 설명하도록 장려하다.

다양성, 평등 및 포용성을 촉진하기 위해 참가자들은 참가 팀 구성에 대한 정보와 브랜드 또는 대행사의 DE&I(Diversity, Equality and Inclusion) 의제에 대한 관련 정보를 제공하도록 권장하다.

2023년 라이언즈 크리에이티비티 보고서에 두 가지 새로운 개인 순위를 추가하다. 칸 라이언즈에서 획득한 점수를 기반으로, 팀과 클라이언트가 크리에이티브 한계를 뛰어넘을 수 있도록 하는 창의적인 리더십을 보여 주는 크리에이티브 책임자(CCO, Chief Creative Officer) 순위, 업무에 창의성을 불어넣어 브랜드를 발전시키는 용기와 헌신을 보여 주는 최고 마케팅 책임자(CMO, Chief Marketing Officer) 순위를 두다.

올해의 지역 네트워크를 4개 지역에서 7개 지역으로 확대하다.

2024

씨 잇 비 잇이 10주년을 맞이하다.

럭셔리 분야에서 가장 영향력 있는 크리에이티브 작품과 경험, 창의적인 비즈니스 솔루션에 시상하는 럭셔리&라이프스타일 부문을 신설하다.

모바일 기기가 모든 채널과 분야에 걸쳐 도입되고 거의 모든 부문으로 확대됨에 따라 모바일 부문을 폐지하다.

이노베이션 부문이 환경, 사회, 금융 혁신을 위한 카테고리를 포함하도록 확대하다.

라디오 및 오디오 부문은 오디오 콘텐츠의 성장과 중요성을 반영하여 오디오 및 라디오 부문으로 명칭을 변경하다.

소셜&인플루언서 부문은 크리에이터가 브랜드 메시지를 형성하고 증폭시키는 역할을 평가하는 부분을 확장했고, PR 부문은 PR 업계의 변화를 반영하여 조정하다.

브랜드 커뮤니케이션에서 유머의 활용을 평가하기 위해 문화 및 맥락 섹션에 '유머의 활용' 카테고리를 도입하다.

심사 위원들이 작품의 뉘앙스를 더 잘 이해할 수 있도록 문화적 맥락에 대한 설명을 필수적으로 기재하도록 하고, 작품에 인공지능이 사용되었는지, 사용되었다면 어떤 방식으로 사용되었는지 판단하기 위해 설명하는 조항을 도입하다.

지속 가능성 및 DE&I 질문에 대한 답변을 제출할 수 있도록 옵션을 두다.